M. Jettenberger

Malen – Erinnern – Leben

Marion Jettenberger

Malen – Erinnern – Leben

Themenimpulse für die Aktivierung alter Menschen

1. Auflage

URBAN & FISCHER München

Zuschriften an:
Elsevier GmbH, Urban & Fischer Verlag, Hackerbrücke 6, 80335 München
E-Mail pflege@elsevier.de

Wichtiger Hinweis für den Benutzer
Die Erkenntnisse in Pflege und Medizin unterliegen laufendem Wandel durch Forschung und klinische Erfahrungen. Herausgeber und Autoren dieses Werkes haben große Sorgfalt darauf verwendet, dass die in diesem Werk gemachten therapeutischen Angaben (insbesondere hinsichtlich Indikation, Dosierung und unerwünschter Wirkungen) dem derzeitigen Wissensstand entsprechen. Das entbindet den Nutzer dieses Werkes aber nicht von der Verpflichtung, anhand weiterer schriftlicher Informationsquellen zu überprüfen, ob die dort gemachten Angaben von denen in diesem Werk abweichen und seine Verordnung in eigener Verantwortung zu treffen.
Für die Vollständigkeit und Auswahl der aufgeführten Medikamente übernimmt der Verlag keine Gewähr.
Geschützte Warennamen (Warenzeichen) werden in der Regel besonders kenntlich gemacht (®). Aus dem Fehlen eines solchen Hinweises kann jedoch nicht automatisch geschlossen werden, dass es sich um einen freien Warennamen handelt.

Bibliografische Information der Deutschen Nationalbibliothek
Die Deutsche Nationalbibliothek verzeichnet diese Publikation in der Deutschen Nationalbibliografie; detaillierte bibliografische Daten sind im Internet über http://www.d-nb.de/ abrufbar.

1. Auflage 2013

Der Urban & Fischer Verlag ist ein Imprint der Elsevier GmbH.

13 14 15 16 17 5 4 3 2 1

Um den Textfluss nicht zu stören, wurde bei Patienten und Berufsbezeichnungen die grammatikalisch maskuline Form gewählt. Selbstverständlich sind in diesen Fällen immer Frauen und Männer gemeint.

Planung: Regina Papadopoulos, München
Projektmanagement: Dagmar Wiederhold, München
Redaktion: Ute Villwock, Heidelberg
Herstellung: Hildegard Graf und Gabriele Lange, München
Satz: abavo GmbH, Buchloe/Deutschland; TnQ, Chennai/Indien
Druck und Bindung: Printer Trento S. r. l., Trento/Italien
Fotos der Collagen: Stefan Vavra, München; Collagenerstellung: Marion Jettenberger, Oberammergau; Fotos im Vor- und Nachwort: Marion Jettenberger, Oberammergau
Zeichnung der Vorlagen: Matthias Deschner, Berlin
Umschlaggestaltung: SpieszDesign, Neu-Ulm
Titelfotos: Marion Jettenberger, Oberammergau

ISBN Print 978-3-437-21015-0

Aktuelle Informationen finden Sie im Internet unter **www.elsevier.de** und **www.elsevier.com**

Die Autorin

Die 1981 geborene Marion Jettenberger ist Heilerziehungspflegerin (staatlich anerkannt), Kunsttherapeutin und Heilpraktikerin für Psychotherapie. Sie arbeitet seit vielen Jahren heilpädagogisch-therapeutisch mit Menschen mit Behinderung und mit Menschen im Alter. Die letzten Jahre arbeitete sie als Leitung des Sozialdienstes in einem Altenheim für etwa 100 Bewohner. Ihre Arbeit ist geprägt von dem Wissen um die Einzigartigkeit jedes einzelnen Menschen, im Erleben, Fühlen und in der Bewältigung des Lebens und die unmittelbar damit verbundenen vielen Eindrücke, die jeder von uns im Laufe seines Lebens gewinnt. Gerade gegen Ende des Lebens werden diese Eindrücke wieder wach und verlangen oftmals nach Ausdruck, verbal und nonverbal. Nur durch einen guten, begleiteten Rückblick auf die eigene Lebensgeschichte wird Akzeptanz, Integration, Versöhnung und Loslassen möglich. Hier greift „Malen – Erinnern – Leben“ – die etwas andere Art von Biografie- bzw. Erinnerungsarbeit –, um auf das eigene Leben zurückzuschauen.

Herzlichen Dank

Ein Buch entsteht nicht von heute auf morgen. Es ist das Ergebnis unzähliger Stunden im Kontakt mit vielen Senioren, die bereit waren, mitzumachen, sich zu öffnen, gemeinsam mit mir auf ihr reiches, wertvolles Leben zurückzublicken. Ein Schatz an Reichtum und Fülle, der mir da begegnete, um jede Erfahrung bin ich dankbar. Ich danke allen Teilnehmern der Kreativgruppen, welche mich auf dem Weg zu dieser Methodik begleitet haben. Ohne diese Erfahrungen, diesen reichen Schatz an Leben, hätte letztlich dieses Buch nicht entstehen können.

Eine Methodik zu entwickeln ist das eine, diese in der Praxis umzusetzen das andere. Es bedarf auch immer wieder eines Teams an Kollegen, die mit anpacken und offen sind für Neues. Herzlichen Dank all jenen Kollegen, die mich in den letzten Jahren unterstützt und begleitet haben.

Besonderer Dank gilt jenen Kollegen und Freunden, die mich ermutigt haben, diese Erfahrungen festzuhalten und auf diesem Wege hier mit Ihnen teilen zu dürfen.

Marion Jettenberger

Inhaltsverzeichnis

Literaturnachweis/Quellenverzeichnis

Beuys, Joseph: „Jeder Mensch ist ein Künstler" (Zitat). http://de.wikipedia.org/wiki/Joseph_Beuys

Die Bibel. Altes und neues Testament. Einheitsübersetzung. Herder Verlag, 1999.

Busch, Wilhelm: Kritik des Herzens. Nachdenkliche Betrachtungen des heiteren Philosophen über Schein und Sein. Scherz Verlag, 1989.

Busch, Wilhelm: Schein und Sein. Nachgelassene Gedichte. Zenodot Verlagsgesellschaft, 2010.

De Saint-Exupéry: Der kleine Prinz. Rauch Verlag, 2008.

Goethe, Johann Wolfgang: Sämtliche Gedichte. Insel Verlag, 2007.

Löns, Hermann: Der kleine Rosengarten. Volkslieder. tredition, 2011.

Mörike, Eduard: Sämtliche Gedichte. Insel-Verlag, 2001.

Einleitung

„Malen – Erinnern – Leben" – Von der Idee bis zur Umsetzung und Methodik

Von Anfang an war es mir ein Anliegen, den natürlichen Prozess der Lebensrückschau der mir anvertrauten Senioren anzunehmen, aufzugreifen, zu begleiten, zu unterstützen und zu fördern. Mir war bewusst, dass das innere Bedürfnis, auf die eigene Lebensgeschichte zurückzublicken, sich mir überall aufdrängte. Vor allem in Gesprächen mit Senioren, die dieses Bedürfnis noch zum Ausdruck bringen können.

Ich machte mir Gedanken, wie ich möglichst viele Menschen erreichen kann, sowohl die geistig regen, als auch die, die geistig abbauen, bis hin zu den an Demenz Erkrankten. Alle sollten gleichermaßen, gemeinsam-integrativ, teilnehmen können; jeder nach seinen Möglichkeiten und Interessen.

Wenn es um das Leben geht, können alle mitreden. Wir alle haben ein Leben gelebt, wir alle haben Erfahrungen gemacht, die tief in uns abgespeichert sind, die uns zu dem Menschen machen, der wir sind ... – die unsere Identität bedeuten. Ohne die Einzigartigkeit eines jeden Menschen aus dem Blick zu verlieren, gibt es dabei verschiedene Eckdaten sowie Lebensthemen, die den meisten Menschen im Laufe ihres Lebens begegnen, zum Beispiel Geburt, Einschulung, erste Liebe, erster Kuss, Eintritt ins Berufsleben, Konflikte, Hochzeit, Geburt eigener Kinder, Enkelkinder oder Kinderlosigkeit, Lebensthemen wie Trauer, Abschied, Verlust, Krankheit, Tod von Nahestehenden, Freude, Glück ... So kamen mir in den vielen Gesprächen immer wieder dieselben Themen und die damit verbundenen Emotionen entgegen, die jeder kennt, mit denen aber jeder unterschiedlich umgeht, die bewältigt, verarbeitet oder verdrängt werden. Zusammen mit den Gefühlen nahm ich auch das starke innere Bedürfnis wahr, sich mitteilen, erzählen, die Lebenseindrücke ausdrücken zu wollen. Die Menschen wollen das Erlebte ordnen, sich mit Lebensthemen und Lebensfragen auseinandersetzen, zum Beispiel: Was war gut?, Was war nicht so gut?, Was ist noch offen?, Was ist unerledigt?, Was kommt danach?

Auch im Kleinen kennen wir eine solche Rückschau, beispielsweise jedes Jahr aufs Neue beim Jahreswechsel, bei Schicksalsschlägen wie Krankheit oder Verlust eines lieben Menschen oder am Grab eines Mitmenschen.

Bei der Rückschau blicke ich auf Erlebnisse, Erfahrungen zurück, die mich zu dem Menschen gemacht haben, der ich heute bin. Dadurch wird Sinn gefunden und erlebt. Das Wissen, dass Rückschau nicht erst im Sterbeprozess beginnt, sondern weitaus früher, mal bewusster, mal unbewusster, setzt sich mehr und mehr durch.

Die in diesem Buch aufgeführten Themenimpulse können helfen, auf das eigene Leben zurückzublicken, sie können Auslöser für die Teilnehmer sein, ihre eigene Geschichte zu erzählen. Der Umgang mit den Themenimpulsen ist unterschiedlich, so unterschiedlich und einzigartig wie eben jeder Mensch ist. Der eine beschäftigt sich intensiv gedanklich, introspektiv mit dem Thema, der andere setzt es in erster Linie gestalterisch um. Beides ist in Ordnung – wie bei allen Konzepten und Methoden gilt: Vorrang hat das Bedürfnis des Einzelnen, denn nicht jeder möchte oder kann auf seine Vergangenheit zurückblicken. Das fordert vom Gruppenleiter ein „Fingerspitzengefühl", eine besonders achtsame Haltung, indem er nur Impulse gibt und somit jeder selbst entscheiden kann, wie intensiv er sich auf die Themenimpulse einlässt. Kein Teilnehmer darf durch den Rückblick auf die eigene Lebensgeschichte und die evtl. damit verbundenen Traumen retraumatisiert werden. Durch die Gestaltung der Themen und der dadurch zwangsläufigen Beschäftigung mit den auch „darunter liegenden" Lebensthemen, können diese zum Teil neu bewertet, losgelassen, in sich versöhnt und integriert werden. Hier spielt auch die Gruppe eine entscheidende Rolle, da sich nicht nur der Einzelne erinnert, sondern es auch eine Erinnerung der ganzen Gruppe gibt. Die wachgerüttelten Erinnerungen werden zum Gesprächsstoff der Gruppe. So findet ein Austausch statt und nicht selten wird durch ähnlich Erlebtes sowohl gegenseitig Trost, Mut und Kraft gespendet, als auch jede Menge Freude geteilt. Das Gefühl, nicht alleine zu sein, schenkt ein Zugehörigkeits- und Gemeinschaftsgefühl unter „Gleichgesinnten", welches entlastet und bestätigt.

Lebensrückschau ist eine Gelegenheit, die eigene, gewonnene Lebensweisheit auszudrücken, und kann als solches eine integrative, versöhnliche und heilende Erfahrung sein.

Einführung – zum Einsatz des Buches

In diesem Buch finden Sie Themenimpulse für 52 Wochen, die jeden Menschen auf irgendeine Weise ansprechen, weil sie irgendwann im Laufe ihres Lebens mit diesen Themen in Berührung kamen. Zu jedem Thema finden Sie eine Materialliste, Vorschläge zur Gestaltung, sowie Impulse für Gespräche, um weitere Erinnerungen zu wecken und zu vertiefen. Auf der Rückseite ist eine Malvorlage passend zum jeweiligen Thema, die Sie kopieren können.

Methodik

Die Themenimpulse reichen von Gedichten, Geschichten, Sprüchen, Redensarten und Lebensweisheiten, über jahreszeitliche Themen, Feste im Jahreskreis, bis hin zu biblisch-spirituellen Themen. Sie sind nicht geordnet, da viele Themen sowohl jahreszeitlich passend, als auch jahreszeitlich neutral verwendet werden können. Beispiel: „Geschenke". Dieses Thema bietet sich sowohl für die Weihnachtszeit an, als auch jahreszeitlich losgelöst, wenn man sich nur mit dem Thema Geschenk, im Sinne von *„Was war mir in meinem Leben ein wirkliches Geschenk?"* (Themenimpuls „Geschenke") beschäftigen möchte. Dazu gehören Themen wie Gesundheit, die Geburt des ersten Kindes oder das Leben überhaupt, die gelungene Flucht im Krieg, oder dass der Mann aus dem Krieg zurückkommen durfte …

Oder: „Ein Lächeln kostet uns nichts und ist dennoch so viel wert". Bei diesem Thema gestalten wir Clownsgesichter (Themenimpuls „Ein Lächeln kostet uns nichts …"). Somit wäre es für die Faschingszeit passend, aber auch abgetrennt vom Jahresverlauf kann durch die herzigen und Freude vermittelnden Clownsgesichter gezielt Lebensfreude gefördert werden.

Die Methodik kann grob in vier Phasen beschrieben werden: Impuls, Gestaltung, Gespräch/Kontakt, Erinnerungsarbeit/Rückschau.

Impuls

Der Gruppenleiter gibt ein Thema als Impuls für die Gruppe vor.

Gestaltung

Im gestalterischen Prozess gestaltet jeder Teilnehmer das Thema frei. Es wird die Kreativität und Individualität des Einzelnen sichtbar, auch wenn Vorlagen oder Schablonen als Hilfe dienen.

Gespräch/Kontakt

Während des Gestaltungsprozesses bietet das Thema Gesprächsstoff für die Gruppe. Dies aktiviert und regt Gespräche an, es wird geratscht, sich ausgetauscht, sowohl inhaltlich über das Thema, als auch künstlerisch, wie man etwas ausmalen und gestalten könnte. Das fördert das Gemeinschaftsgefühl und intensiviert die Kontakte innerhalb der Gruppe.

Erinnerungsarbeit/Rückschau

Neben dem kreativen Gestaltungsprozess werden weitere Lebensthemen angesprochen und Erinnerungen geweckt – Lebensrückschau wird möglich. Dies fördert der Gruppenleiter durch weitere Impulse, welche er bei jeder Einheit unter „Angesprochene Themen neben dem kreativen Gestaltungsprozess" findet. Zusätzlich möchte ich Sie ermutigen, die Reaktionen und Impulse der Teilnehmer aufzugreifen: ihre Lebenswelt, das, was sie bewegt. Oft genug nutzen wir im Alltag sogenannte „Gesprächsangebote" der alten Menschen nicht, weil wir sie überhören, sie uns Angst machen oder sie uns nicht als wichtig erscheinen. Doch was ist wichtiger als die Themen der alten Menschen? Durch das Aufgreifen dieser Themen sind auch meine Themenimpulse entstanden.

Am Ende jeder Einheit fügen sich alle Gestaltungen zu einem Gemeinschaftswerk auf einem Tonkarton zusammen. Jeder Teilnehmer findet seinen Platz darauf. Es versteht sich von selbst, dass keine Gestaltung bewertet oder gar ab-gewertet wird. Jeder in der Gruppe hat seinen Platz – alles hat seine Berechtigung. Auch, wenn ein Teilnehmer seine Gestaltung lieber für sich behalten möchte.

Die Gestaltung als „Brücke" – als „Türöffner"

Die Gestaltung ist *die Brücke* zur Lebensgeschichte des Menschen – *die Tür* zu den vielen im Laufe des Lebens erworbenen Erinnerungen und Erfahrungen. Die Werke werden zur Kommunikationsform jenseits des gesprochenen Wortes. Es darf in Bildern ausgedrückt werden, was oft nicht oder nicht mehr in Worte zu fassen ist. Durch die entstandenen Werke fühlen sich die Teilnehmer nützlich und wertvoll, sie können bis zum Lebensende schöpferisch tätig sein und sich nach ihren Möglichkeiten ausdrücken. Die meisten Teilnehmer haben, wenn überhaupt, zuletzt in der Schulzeit einen Pinsel in der Hand gehalten. Sie lernen sich selbst noch einmal neu, von einer anderen, kreativen Seite kennen und bleiben aktiv.

Es entsteht Begegnung. Sie begegnen sich selbst, dem „Gegenüber", wie eine Art „Spiegel", welcher durch die Gestaltung entsteht, sowie den anderen Teilnehmern der Kreativgruppe. So entsteht Kontakt und neuer Gesprächsstoff. Es wird dem sonst üblichen Nebeneinandersitzen und „Vor-sich-hin-Vegetieren", was oft in Sitzgruppen von Altenheimen zu beobachten ist, entgegengewirkt. Diese „Kunstbegegnungen" bauen somit Brücken, öffnen Türen und schenken Lebensqualität bis zum Schluss. Zusätzlich unterstützt eine gestalterische, kreative und/oder kunsttherapeutische Begleitung folgende Fähigkeiten:

- Erhalt und Förderung von Alltagskompetenzen
- Förderung und Erhalt von kognitiven Fähigkeiten
- Förderung und Erhalt der Aufmerksamkeits- und Konzentrationsfähigkeit
- Ausdrucksmöglichkeiten für Erinnerungen und Gefühle
- Möglichkeit, Dinge/Lebensthemen, die belasten, zum Ausdruck zu bringen
- Selbstreflexion – Rückblick – Lebensrückschau wird möglich und dadurch Integration und Versöhnung mit der eigenen Lebensgeschichte
- Stabilisierung der Persönlichkeit, der Identität: „das alles bin ich – das ist mein gelebtes Leben"
- Stärkung des Selbstwertgefühls: „Ich bin noch etwas wert, ich mache noch etwas Sinnvolles/Nützliches, ich werde noch gebraucht, ich leiste noch etwas"
- Möglichkeiten der kreativ-kommunikativen Begegnung zwischen Betroffenen, Begleitenden, Angehörigen, sowie mit der Gesellschaft, zum Beispiel wenn die Werke ausgestellt werden
- wirkt der Passivität entgegen, aktiviert und belebt den Einzelnen und die Gruppe: Pinselstriche gegen Passivität
- „Kunst kennt kein Alter" – das Alter spielt bei der Gestaltung keine Rolle, jeder „darf sein" und wird in der Gestaltungsgruppe so angenommen, wie er ist, dabei treten der körperliche und geistige Abbau in den Hintergrund
- Lebensqualität bis zuletzt! „Nicht dem Leben mehr Tage, sondern den Tagen mehr Leben geben" – so der Leitsatz von Cicely Saunders, der Begründerin der Hospizbewegung.

Für uns heißt das, wir gestalten uns das Leben bis zum Schluss „kunterbunt" und so aktiv wie möglich.

Material-Grundausstattung

- Tonkarton in verschiedenen Farben (ich empfehle 50 × 70 cm)
- Tonkarton weiß DIN A 4 (für die Malvorlagen, die Sie selbst erstellen)
- Buntstifte (ich empfehle wasservermalbare Stifte)
- Wasserfarben-Malkasten
- Normales Druckerpapier (zum Ausdrucken von Malvorlagen)
- Scheren und Kleber

Die beschriebene Grundausstattung reicht aus, um 52 Wochen mit der Methodik „Malen – Erinnern – Leben" zu arbeiten. Das war mir wichtig, weil es in der Praxis oft an Zeit- und Finanzressourcen mangelt. Manchmal gebe ich weitere Materialien unter „evtl. noch …" an, die Sie zusätzlich verwenden können. Überwiegend sind das Naturmaterialien, wie Moos oder Herbstblätter, oder Materialien wie Wolle, Watte, die in den meisten Haushalten vorhanden sind.

Malvorlagensuche

Die Malvorlagensuche ist heute ganz einfach. Sie finden im Internet viele Anbieter mit kostenfreien und lizenzfreien Ausmalbildern.

> Dabei bitte auf Vorlagen achten, die nicht zu kindlich-kitschig sind, um dem alten, erwachsenen Menschen mit Wertschätzung und in Achtsamkeit zu begegnen.

Die 2. Variante (siehe Abbildungen unten) wäre, nur die Form des jeweiligen Themas bereits ausgeschnitten auf etwas dickerem weißen Karton anzubieten. Dadurch ist die äußere Form vorgegeben, inhaltlich sind der Kreativität des Einzelnen jedoch keine Grenzen gesetzt.

Zu jedem Thema finden Sie auf der Rückseite der Stundeneinheit eine Malvorlage. Mit dieser Form von Vorlagen habe ich sehr gute Erfahrungen gemacht. Sie sind nicht kindlich-kitschig, sondern neutraler als die meisten anderen Malvorlagen.

Einen weiteren Tipp möchte ich Ihnen geben, mit dem ich ebenfalls sehr gute Erfahrungen gemacht habe: Sie können Malvorlagen mit einer Korrekturflüssigkeit (aus dem Bürobedarf zum Überdecken von Tippfehlern) verändern, indem Sie verschiedene Partien der Malvorlage auslöschen oder Sie können auch wieder etwas hinzufügen. So entstehen aus einer Malvorlage weitere individuelle Vorlagen. Dadurch können Sie unterschiedliche Vorlagen anbieten und die Teilnehmer haben mehr Auswahl und dadurch mehr Gestaltungsfreiheit.

Warum überhaupt eine Vorlage?

Anfangs, nach dem Kunsttherapiestudium war ich ganz gegen Vorlagen. Der Mensch solle sich frei ausgestalten dürfen. Schnell musste ich erkennen, dass das freie Gestalten den meisten Senioren nicht mehr möglich ist. Sie baten mich um irgendeine Schablone oder eine Vorlage. Es bedarf anscheinend eines Rahmens, einer Art Struktur, in dem sich dann trotzdem die künstlerische Freiheit und Individualität des Einzelnen entfalten kann.

Die Einzigartigkeit jeder Gestaltung

Wie diese Einzigartigkeit sichtbar wird, zeige ich Ihnen anhand der folgenden Gestaltungen.

Es zeigen sich ganz unterschiedliche Gestaltungen, obwohl der Rahmen, die Malvorlage, in diesem Fall die Regenschirme zum Thema „April, April…" (Themenimpuls „April, April"), für alle gleich waren. Es ist immer wieder spannend, welcher Reichtum, welche Vielfalt an ausdrucksstarken Gestaltungen scheinbar aus dem Nichts, aus den vielen Menschen, aus deren Fantasie und Kreativität, letztlich aus deren Lebenseindrücken heraus zum Ausdruck kommen. Faszinierend, wie sich die leeren Blätter bzw. weißen Regenschirme mit Farbe und somit kostbaren Erinnerungen wie *„Mosaiksteinchen des Lebens"* füllen.

Der individuelle Ausdruck – die Persönlichkeit im Bild

An den folgenden Bildern sehen Sie, wie persönlich der eigene Ausdruck ist. Die Gestaltungsart ist eine Ausdrucksform *von innen heraus,* sie ist nicht kopierbar und hat Wiedererkennungswert. Diese drei unterschiedlichen Themen (Herz, Schnecke, Schirm) wurden unverkennbar von ein und derselben Person gemalt. Es scheint ein ganz persönlicher, individueller Ausdruck zu sein, diese typischen weichen, zarten, feinen, nicht zu farbintensiven Muster.

Der sichtbare Zerfall im natürlichen Alterungsprozess

Des Weiteren möchte ich an der nachfolgenden Abbildung den Zerfall und das Nachlassen der Zeichen- sowie der Lebensspur zeigen. In den Gestaltungen wird der natürliche, fortscheitende Alterungsprozess sichtbar. Ähnlich wie im Kindesalter – am Anfang des Lebens –, zeigen sich im Alter – zum Ende des Lebens –, sogenannte „Kritzelzeichnungen". Die Malspur wird zittriger und schwächer, wie in den nachfolgenden Abbildungen erkennbar ist.

Dies ist auch bei der Handschrift eines älter werdenden Menschen beobachtbar und gehört zum Prozess des Alterns dazu. Es ist spannend, wie sich in den Gestaltungen der Lebenskreis sichtbar schließt, indem sich ein ähnlicher Ausdruck am Anfang und zum Ende des Lebens zeigt. Natürlich will ich diesen Prozess weder bewerten noch einen alten Menschen respektlos-abschätzig mit einem Kleinkind vergleichen. Das ist damit auf keinen Fall gemeint, das muss bei der Betrachtung immer voneinander getrennt werden.

Welchen Sinn hat das Ergebnis nach dem Gestaltungsprozess?

Die Gestaltungen können in den jeweiligen Wohnbereichen ausgestellt werden und dienen so als therapeutische Impulse, indem Sie alle vorübergehenden Menschen, sowohl Bewohner, Angehörige, Mitarbeiter, als auch Ärzte und jegliche Besucher, zum Nachdenken und zum *In-sich-lauschen* anregen.

Es folgen die 52 Themenimpulse und Stundenverläufe, für 52 Wochen im Jahr. Jedes Thema ist einfach, kurz und praktisch, inklusive Materialliste auf einer Seite zusammengefasst, um schnell einen Überblick zu gewinnen.

Erinnerungen an die Kindheit …

Materialliste

- Material-Grundausstattung (➤ Einleitung)
- Malvorlagen: Teddybär, Spielzeugeisenbahn, Kasperl, Rucksack, Schultasche, Schultüte, Oma, Mutter, Nähmaschine, Schaukelpferd, Fußball, Ball, Kinderwiege, Haus, Spielzeug, Spielzeugauto, erster Kuss …

Gestaltungsprozess

Jeder Teilnehmer sucht sich aus den Malvorlagen etwas heraus, was ihn an seine Kindheit erinnert, und gestaltet seine Vorlage.

Aus der Praxis

Gerade bei diesem Thema leuchten die Augen der Teilnehmer. Sie erzählen von der Oma, die mit Ihnen in der Stube, an der Nähmaschine saß, von dem alten Teddybären, dessen Arm wieder angenäht werden musste, vom Kasperletheater und davon, wie sich ihre Kindheit damals und die Kindheit eines Kindes von heute unterscheidet, nämlich durch den heutigen Überfluss an Spielsachen.

Angesprochene Themen neben dem kreativen Gestaltungsprozess

Hier werden konkret alle Kindheitserinnerungen angesprochen:

- Welche Erinnerungen habe ich an meine Kindheit?
- Hatte ich Geschwister? War meine Familie eine Groß- oder eine Kleinfamilie?
- Hatte ich eine schöne Kindheit? Wie empfand ich meine Kindheit?
- Was war das Schönste in meiner Kindheit?
- Waren meine Eltern streng? Wie wurden wir erzogen? Mussten wir viel mithelfen?
- Was war mein Lieblingsspiel? Was war mein Lieblingsessen? …

Ein Lächeln kostet uns nichts und ist dennoch so viel wert (Spruch aus China)

Materialliste

- Material-Grundausstattung (➤ Einleitung)
- Malvorlage: Clown
- Zusätzlich evtl. Watte oder Märchenwolle für plastische Clownshaare

Gestaltungsprozess

Die Clownsgesichter werden frei gestaltet. Erstaunlich, wie viele interessante Details, zum Beispiel bei der Hose eines Clowns, so manchem Teilnehmer einfallen. Es wird wieder die volle Bandbreite der Fantasie, der Liebe zum Detail und somit die Einzigartigkeit eines jeden Teilnehmers sichtbar.

Aus der Praxis

Die ganze Gruppe ist von den herrlichen Clownsgesichtern inspiriert – eine witzige, sprudelnde und gut gelaunte, kreative Einheit. Eine Dame sagt: „Da kann man doch gar nicht anders, als sich von den lachenden Gesichtern anstecken lassen, das ist wie bei Kindergesichtern." Das Thema kann man jahreszeitlich in der Nähe zu Fasching anbieten, oder aber auch gezielt in der Übergangsphase vom Sommer zum Herbst, für mehr Lächeln und Lebensfreude in der grauen Zeit.

Angesprochene Themen neben dem kreativen Gestaltungsprozess

- Lebensfreude
- Lachen ist Gesund!
- Emotionen allgemein
- Erinnerungen an die Faschingszeit in der eigenen Kindheit

Wenn nicht jeder seinen Vogel hätt, wär's auf der Welt nur halb so nett! (Wirtshausspruch)

Materialliste

- Material-Grundausstattung (➤ Einleitung)
- Malvorlage: Vogel
- Zusätzlich evtl. noch bunte Federn

Gestaltungsprozess

Jeder gestaltet *„seinen Vogel“*.

Aus der Praxis

Eine heitere Einheit, mit jeder Menge Spaß und viel Humor. Die Teilnehmer können sich selbst *auf den Arm nehmen,* selbstkritisch sein, denn: *Wer hat keinen Vogel?*
Eine Teilnehmerin, die von sich aus schon sehr selbstreflektiert ist, wirft in die Gruppe ein: *Gerade im Alter, wo man selbst immer komischer wird, muss man sich annehmen können, so wie man ist, auch wenn es schwer fällt.*

Angesprochene Themen neben dem kreativen Gestaltungsprozess

Es werden Lebensthemen angesprochen, wie:

- Selbstannahme – auch selbstkritisch ungeliebte eigene Seiten annehmen können
- Welche komischen Vögel sind mir im Laufe meines Lebens schon begegnet?
- Sich selbst auf den Arm nehmen können
- Konflikte mit anderen Menschen können entschärft oder anders betrachtet werden, denn *„Wir alle haben irgendwo einen Vogel“* oder *„Wer ist schon normal?“*
- Verständnis für andere wecken, zum Beispiel auch für die an Demenz erkrankten Mitbewohner, die oft wie „schräge Vögel“ sind

Man wird so alt wie eine Kuh und lernt immer noch dazu!

Materialliste

- Material-Grundausstattung (➤ Einleitung)
- Malvorlage: Kühe
- Zusätzlich evtl. noch eine Paketschnur als „Führstrick" für die Kühe, wie in dem abgebildeten Beispiel

Gestaltungsprozess

Jeder gestaltet „seine Kuh", wie sie ihm gefällt, ob realistisch oder abstrakt. Der Fantasie sind keine Grenzen gesetzt.

Aus der Praxis

Eine Dame zitiert dabei ein Gedicht von Wilhelm Busch, welches das gleiche Thema anspricht:

Früher, da ich unerfahren
Und bescheidner war als heute,
Hatten meine höchste Achtung
Andre Leute.
Später traf ich auf der Weide
Außer mir noch mehr Kälber,
Und nun schätz ich, sozusagen,
Erst mich selber.
Wilhelm Busch (1832–1908)

Angesprochene Themen neben dem kreativen Gestaltungsprozess

Neben dem Gestalten, wird hauptsächlich der lebenslange Erfahrungs- und Lernprozess angesprochen, ein Prozess, der bis zum Ende des Lebens nicht aufhört. Man wird immer wieder mit neuen Themen konfrontiert, mit denen man sich auseinandersetzen muss, Themen wie:

- Bin ich ein Herdentier? Oder eher ein Einzelgänger?
- Welche Konflikte gibt es in einer Herde?
- Konfrontation mit neuen Lebensprozessen, zum Beispiel dem körperlichen Abbau und dem Schwinden der eigenen Kräfte

Wenn ich ein Tier wäre …

Materialliste

- Material-Grundausstattung (➤ Einleitung)
- Malvorlagen: möglichst viele Tiere, damit alle Teilnehmer „ihr Tier“ wählen und gestalten können

Gestaltungsprozess

Jeder gestaltet „sein Tier“.

Aus der Praxis

Das sind immer witzige Stunden, in denen viel gelacht wird, über sich selbst und über die anderen Teilnehmer. Erstaunlich ist, wie lange und intensiv dieses Thema nachwirkt. Einzelne Gruppenmitglieder sprechen sich noch Wochen nachher mit „scheues Reh“ oder „frecher, sturer Esel“ an, anstatt wie üblich mit dem jeweiligen Namen.

Angesprochene Themen neben dem kreativen Gestaltungsprozess

Neben der gestalterischen Arbeit und der Überlegung, wie man zu Tieren und zur Natur im Allgemeinen steht, werden vor allem charakterliche Eigenschaften angesprochen. Wer bin ich? Wie bin ich? Eher wie eine verspielte junge Katze? Oder wie eine weise alte Eule? Wie sehe ich mich? Durch die nachgesagten charakterlichen Eigenschaften des Tieres wird unsere Identität angesprochen.

- Was hat das ausgewählte Tier mit mir zu tun? Wo gibt es Ähnlichkeiten?
- Wie bin ich? Wer bin ich? Wie wäre ich gerne?
- Was mag ich an mir? Was eher nicht?
- Als welches Tier sehen mich die anderen Teilnehmer (Selbstbild/Fremdbild)?

Bald schon werden die letzten Sonnenblumen vom Schnee zugedeckt …

Materialliste

- Material-Grundausstattung (➤ Einleitung)
- Malvorlage: Sonnenblumen
- Zusätzlich evtl. noch echte Sonnenblumensamen zum Betrachten, Tasten und Aufkleben, sowie Watte als Schnee

Gestaltungsprozess

Den Themenimpuls klebe ich bereits mittig auf den Tonkarton und die Teilnehmer kleben nach und nach ihre gestalteten Sonnenblumen auf die Sonnenblumenwiese.

Aus der Praxis

Eine Teilnehmerin fragt mich während des Malens „*Dann lässt die Sonnenblume ja den Kopf hängen, wenn der Schnee kommt?*" Ich frage sie, ob sie nicht auch schon mal den Kopf hängen gelassen habe. Was sie bejaht und sogleich rückmeldet, sie sei wieder aufgestanden. Ich spreche weiter an, dass im Herbst die Natur „sterben" müsse, so sei der Lauf der Dinge.

Angesprochene Themen neben dem kreativen Gestaltungsprozess

- Bin ich eine große oder eine kleine Sonnenblume?
- Schaue ich nach oben? Nach rechts? Links? Oder in die Sonne?
- Bin ich eher eine alleinstehende Sonnenblume oder stehen noch andere Sonnenblumen neben mir?
- Der natürliche Sterbeprozess der Natur im Herbst spricht den natürlichen Prozess des Alterns an.
- Die Blume, die den Kopf hängen lässt, erfriert und wird wieder zu fruchtbarer Erde. Sie spiegelt so den Prozess der Vergänglichkeit, des Kreislaufs der Natur, zu der auch der Mensch gehört, wider.

Elefant – ein Dickhäuter?

Materialliste

- Material-Grundausstattung (➤ Einleitung)
- Malvorlage: Elefant
- Zusätzlich dünne schwarze Fasermaler für die besondere Muster-Mal-Technik

Gestaltungsprozess

Für dieses Thema gibt es ausnahmsweise einen besonderen Gestaltungsauftrag, eine andere Malmethode: Jeder soll „seinen Elefanten" nur mit einer Farbe und nur mit Mustern verzieren. Alle Teilnehmer erhalten einen schwarzen Faserstift. Diesmal konzentrieren wir uns nur auf die Haut des Elefanten.

Aus der Praxis

Die Gruppe ist begeistert, was man mit nur einem Stift und nur einer Farbe alles gestalten kann. Schnell breitet sich die Frage in der Gruppe aus, ob der Elefant nun ein *Dickhäuter* ist oder nicht? Ob er ein *Elefant im Porzellanladen* ist oder ein *sanfter Riese?* Dabei lenke ich das Thema auch noch auf die eigene Haut: Ist sie eher zart besaitet oder hab ich ein sogenanntes „dickes Fell"?

Angesprochene Themen neben dem kreativen Gestaltungsprozess

- Wie ist meine Haut, mein Fell beschaffen? Eher dünn? Oder dick?
- Manchmal muss man eine dicke Haut haben …
- Wann musste ich in meinem Leben schon mal ein dickes Fell, eine dicke Haut haben?
- Trampel oder sanfter Riese? Manchmal ist es anders, als es zunächst scheint.
- Die Haut als unser Kontaktorgan – ob dick oder dünn beschaffen

Wald – über allen Wipfeln ist Ruh' …

Materialliste

- Material-Grundausstattung (➤ Einleitung)
- Malvorlage: Umrisse von verschiedenen Bäumen
- Zusätzlich dünne Fasermaler in Grün- und Brauntönen
- Evtl. noch ein Waldgedicht, zum Beispiel „Über allen Wipfeln ist Ruh'“ von Goethe

Gestaltungsprozess

Ähnlich wie beim Thema „Dickhäuter“ gibt es einen Gestaltungsauftrag, nämlich erneut nur mit einem dünnen Faserstift Muster zu malen. Die Teilnehmer gestalten ihre ausgewählte Baumvorlage mit grünen und braunen Mustern.

Aus der Praxis

Die Methode, nur mit einer Farbe Muster zu malen, ist eine meditative Arbeit. Dabei wird es immer ganz still im Raum. Dazu passend trage ich das Gedicht von Johann Wolfgang Goethe vor: „Über allen Wipfeln ist Ruh'“.

Über allen Wipfeln ist Ruh',
in allen Wipfeln spürest du
kaum einen Hauch.
Die Vögelein schweigen im Walde,
warte nur, balde,
ruhest du auch.
Johann Wolfgang Goethe (1749–1832)

Die Teilnehmer sind noch aus einer Generation, in der man Ehrfurcht vor der Natur und vor Gottes Schöpfung hatte. Sie lebten im Einklang mit der Natur, achteten sie und schöpften Kraft aus ihr. Eine Dame sagt, das Gedicht spiegle schön die Ruhe des Waldes wieder. Eine andere Dame spricht den Aspekt der *ewigen Ruhe* nach dem Tod an, denn bald würden sie auch ruhen, wie im Gedicht, es fühle sich aber friedlich an, gerade durch diese Zeilen von Goethe und unsere meditativen Bilder.

Angesprochene Themen neben dem kreativen Gestaltungsprozess

- Im Einklang mit der Natur leben – Brennholz – Holz ist Wärme
- Im Wald Ruhe und Frische finden
- Waldduft: Kann ich es riechen? Kiefernnadel? Harz?
- Der Wald, die Bäume sind unsere „grüne Lunge“
- Ewige Ruhe: Auch unser Sarg wird einmal aus Holz sein

Engel zum neuen Jahr …

Materialliste

- Material-Grundausstattung (➤ Einleitung)
- Malvorlage: Engel

Gestaltungsprozess

Die verschiedenen Engelvorlagen können frei gestaltet werden.

Aus der Praxis

Die Teilnehmer gestalten viele Engel zum Gedicht von Eduard Mörike. Diese Einheit fand um Neujahr herum statt, deshalb passte das Gedicht „Zum neuen Jahr“ so gut dazu.

Zum neuen Jahr
Wie heimlicher Weise
Ein Engelein leise
Mit rosigen Füßen
Die Erde betritt,
So nahte der Morgen.
Jauchzt ihm, ihr Frommen,
Ein heilig Willkommen,
Ein heilig Willkommen!
Herz, jauchze du mit!
In Ihm sei's begonnen,
Der Monde und Sonnen
An blauen Gezelten
Des Himmels bewegt.
Du, Vater, du rate!
Lenke du und wende!
Herr, dir in die Hände
Sei Anfang und Ende,
Sei alles gelegt!
Eduard Mörike (1804–1875)

Angesprochene Themen neben dem kreativen Gestaltungsprozess

Schutzengel waren in dieser Generation noch etwas wert, die Menschen waren gläubiger als in der heutigen Zeit. Es werden weitere Themen angesprochen, wie:

- Spiritualität/Religiosität
- Schwere Unglücke: Wann hatte ich schon einmal einen Schutzengel?
- Glaube ich an (Schutz-)Engel? – An was/wen glaube ich?
- Werde ich in der letzten Stunde meines Lebens von einem Engel an die Hand genommen?

Das Rosenwunder (die Legende der Heiligen Elisabeth)

Materialliste

- Material-Grundausstattung (➤ Einleitung)
- Malvorlagen: viele verschiedene Rosen sowie ein Bild der Heiligen Elisabeth

Gestaltungsprozess

Die Teilnehmer gestalten die Rosen, wie sie ihnen gefallen.

Aus der Praxis

Rosen sind besondere Blumen. Sie werden auch als „Königin der Blumen“ bezeichnet und sind immer ein spannendes Thema. Legenden, Märchen und alte Geschichten haben für alte Menschen noch einen Wert. Sie sind gläubiger als die jungen Menschen in der heutigen Zeit.

Zur Legende vom Rosenwunder: Elisabeth war eine Königstochter, doch ihr Herz gehörte den Armen. Sie ging täglich zu den Bettlern und teilte mit milder Hand aus, was sie zum Leben brauchten. Der Ruf ihrer Barmherzigkeit und Milde verbreitete sich im ganzen Land. Landgraf Ludwig, ihr Ehemann, sah es nicht gerne, dass Elisabeth zu den Armen ging und sogar die Berührung mit Kranken nicht scheute. Als er sie wieder einmal mit ihrem Gabenkorb auf dem Weg von der Burg traf, hielt er sie an und fragte: „Was tragt Ihr da in Eurem Korbe?“ Elisabeth wollte ihren Gemahl nicht betrüben und doch auch ihre Christenpflicht nicht versäumen. In ihrer Not stammelte sie: „Es sind Rosen, Herr …“ Da riss der Landgraf zornig die Decke vom Korb. Sein Grimm verwandelte sich in Staunen. Der Korb der Landgräfin Elisabeth war voller Rosen.

Angesprochene Themen neben dem kreativen Gestaltungsprozess

- Die Königin der Blumen, die Rose – Assoziationen wie Liebe, Glück, aber auch Rosenkrieg oder die Trauer um einen geliebten Menschen, werden wach
- Die Rose ist hübsch anzusehen, aber wehe, man sticht sich an den Dornen
- Armut, nichts zu essen haben, teilen, helfen, Großherzigkeit, Barmherzigkeit
- Notlügen – Elisabeth benutzte eine Notlüge für die gute Sache, um den Armen helfen zu können – musste ich auch schon einmal lügen?
- An Wunder glauben – der Glaube an Gott

Reise – Im Sommer

Materialliste

- Material-Grundausstattung (➤ Einleitung)
- Malvorlagen: Alles, was in einen Koffer passt, möglichst viele verschiedene Dinge, damit jeder Teilnehmer sich wirklich heraussuchen kann, was er in seinen Koffer packen würde.
- Zusätzlich evtl. ein Sommergedicht, zum Beispiel „Im Sommer“ von Wilhelm Busch

Gestaltungsprozess

Jeder gestaltet das, was er auf die Reise mitnehmen möchte, frei nach dem Motto eines alten Liedes „*Wenn jemand eine Reise tut, so kann er was erzählen …*“. Am Ende kleben wir alles in einen großen braunen Koffer (aus Tonkarton 50 × 70) hinein.

Aus der Praxis

Die Teilnehmer erzählen viel von Reisen, dass es früher anders gewesen sei, man sich schon freute, einige Tage zur Verwandtschaft nach Tirol zu reisen, geflogen sei man damals noch nicht. Eine Teilnehmerin berichtet von Ihrem Fluchterlebnis, das es da „wurscht“ gewesen sei, was sie eingepackt hätten, Hauptsache „schnell weg“.

Im Sommer
In Sommerbäder
Reist jetzt ein jeder
Und lebt famos.
Der arme Dokter,
Zu Hause hockt er
Patientenlos.
Von Winterszenen,
Von schrecklich schönen,
Träumt sein Gemüt,
Wenn, Dank der Götter,
Bei Hundewetter
Sein Weizen blüht.
Wilhelm Busch (1832–1908)

Angesprochene Themen neben dem kreativen Gestaltungsprozess

Neben der gestalterischen Arbeit werden auch Themen angesprochen, wie:

- Reisen: Welche Plätze auf der Erde durfte ich bereisen und sehen?
- Wo war es am schönsten?
- Flucht und Vertreibung durch den Krieg
- Was nehme ich mit, wenn ich flüchten muss?
- Was nehme ich mit, wenn ich nur drei Dinge mitnehmen darf?
- Reise des Lebens: Wo stehe ich? Wo führt mich meine Reise noch hin?

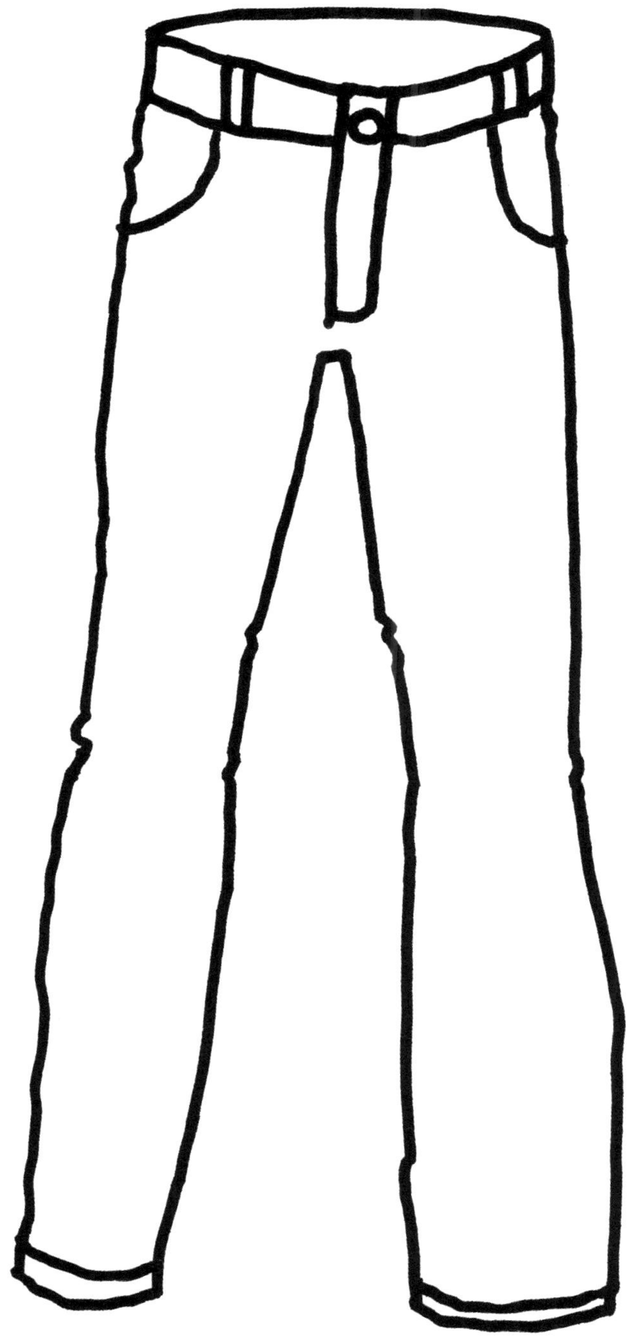

Landschaften

Materialliste

- Bei dieser Methodik brauchen Sie keine Malvorlage, sondern malen Umrisse einer Landschaft auf einen dickeren festen Malkarton.
- Malkarton – Größe beliebig, Buntstifte, Scheren, Kleber
- Zusätzlich evtl. flüssige Farben, zum Beispiel Acrylfarben

Gestaltungsprozess

Jeder sucht sich „seine Landschaft" sowie seine Farben heraus und beginnt zu gestalten. Einzige zusätzliche Aufgabenstellung: in einer Farbfamilie bleiben.

Aus der Praxis

Erstaunlich bei dieser Methodik ist, welche Farbfamilie gewählt wird oder ob jemand das Bedürfnis hat, die Landschaft kunterbunt zu gestalten. Unglaublich, welch tolle, beeindruckende und ausdrucksstarke Kunstwerke da entstehen. Die Gruppe stellt in dieser Einheit mehr denn je fest, wie sehr die Einzigartigkeit jeder Landschaft (trotz Vorlage) – gerade aufgrund der persönlichen Farbauswahl – ein individueller Gefühlsausdruck von innen heraus ist, wie eine Seelenlandschaft. Zugleich sind sie von der Vielfalt und dem Reichtum der Gestaltungen beeindruckt.
Eine Teilnehmerin (86 Jahre), welche die grüne Landschaft malt, erzählt, sie fühle sich nun ganz erfrischt von ihrer grünen Landschaft, obwohl das ganz und gar nicht ihre Lieblingsfarbe sei.

Angesprochene Themen neben dem kreativen Gestaltungsprozess

- Welche Landschaften sprechen mich besonders an? Eher Flachland oder eher Bergland? Eine Winterlandschaft? Eine Frühlingslandschaft?
- Was ist meine Lieblingsfarbe? Welche Farbe tut mir gut?
- Wo fühle ich mich zu Hause?
- An welchem Ort fühle ich mich am meisten zu Hause? Wo fühle ich mich geborgen?
- Landschaften – Seelenlandschaften
- Berge und Täler – emotionale Berg- und Talfahrten

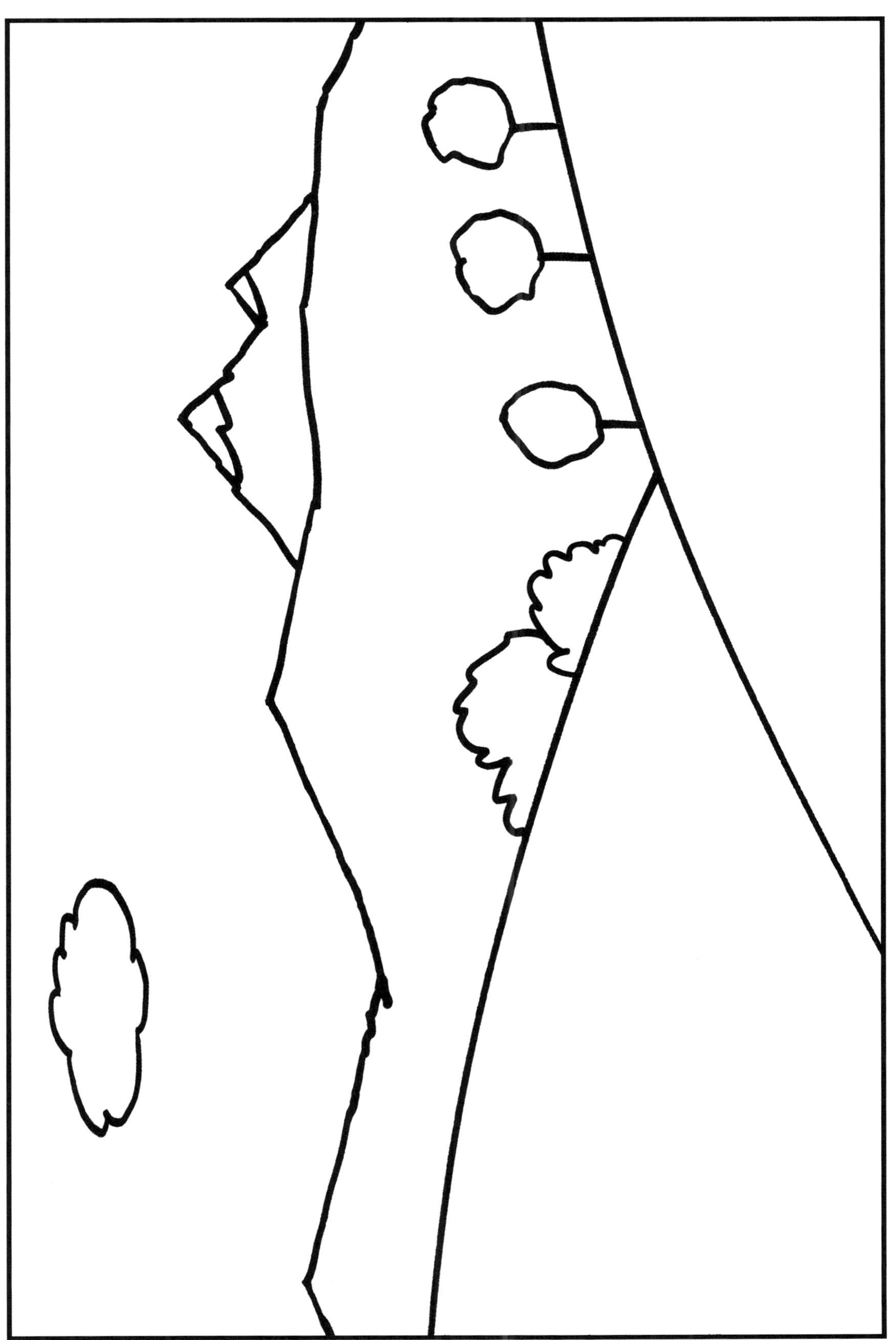

Erntekranz – Alle guten Gaben

Materialliste

- Material-Grundausstattung (➤ Einleitung)
- Malvorlagen: Obst, Gemüse, Brot, Wein, alle möglichen Nahrungsmittel, die Sie finden können
- Zusätzlich evtl. eine große Schleife für den Kranz

Gestaltungsprozess

Die verschiedenen Nahrungsmittel dürfen frei gestaltet werden, wir kleben sie dann zu einem großen Erntekranz zusammen.

Aus der Praxis

Dieses Thema eignet sich jahreszeitlich passend zum kirchlichen Erntedankfest. Es ist aber auch ein allgemeines Thema, welches die Dankbarkeit, überhaupt genügend Essen zu haben, zum Ausdruck bringt. Viele Teilnehmer dieser Gruppe kennen Hunger. Sie sind in der Kriegs- oder Nachkriegszeit aufgewachsen. Ihnen ist der Wert der Nahrungsmittel bewusst. Thema der Gruppe war auch, wie schnell und leichtfertig heute das Essen von der „jungen Generation" weggeworfen wird, weil sie nicht wüssten, was Hunger ist.

Angesprochene Themen neben dem kreativen Gestaltungsprozess

- Spiritualität/Religiosität durch Erntedank, Erntedankfest
- Kriegszeit – Hungerszeit
- Hunger leiden: Habe auch ich schon einmal Hunger leiden müssen?
- Dankbarkeit, immer genügend Essen zu haben, satt zu werden

April, April …

Materialliste

- Material-Grundausstattung (➤ Einleitung)
- Malvorlage: Schirme

Gestaltungsprozess

Die Regenschirme werden frei gestaltet.

Aus der Praxis

Es entstehen viele kunterbunte Regenschirme, einer origineller als der andere. Ideal, weil es an dem Tag draußen grau und dunkel ist und „aus allen Eimern" schüttet. Jeder Schirm wird einzigartig und liebevoll gestaltet.

Angesprochene Themen neben dem kreativen Gestaltungsprozess

- Nach jedem Regen kommt wieder Sonnenschein
- Aprilscherz: Wurde ich schon einmal in den April geschickt? Wen habe ich schon einmal in den April geschickt?
- Unbeständigkeit: Im April ist das Wetter unbeständig, mal Sonne, Regen. Kenne ich Unbeständigkeit in meinem Leben, zum Beispiel in der Stimmung, in der Gefühlslage?

Licht – wenn du denkst es geht nicht mehr …

Materialliste

- Material-Grundausstattung (➤ Einleitung)
- Malvorlage: verschiedene Kerzen
- Zusätzlich evtl. noch Zündhölzer

Gestaltungsprozess

Jeder sucht sich eine Kerzenabbildung aus und geht in die Gestaltungsphase.

Aus der Praxis

Die Teilnehmer sprechen über „helle und dunkle Tage/Zeiten in ihrem Leben" und wie wichtig es ist, immer wieder von neuem Hoffnung zu finden, nicht aufzugeben, denn auch die dunklen Zeiten, die Tiefen gehören nun mal zum Leben dazu. … „Und wenn du denkst es geht nicht mehr, kommt irgendwo ein Lichtlein her", sei es ein Freund, der einen an die Hand nimmt, oder eine gute Nachricht, die einem das Leben wieder heller erscheinen lässt.

Angesprochene Themen neben dem kreativen Gestaltungsprozess

- Lichtschimmer – ein Hoffnungsschimmer, wenn's mal dunkel ist
- Dunkelheit und schwierige Zeiten gehören – wie heitere Phasen – zum Leben dazu
- Der Spruch steht dafür, niemals aufzugeben
- Wann habe ich dunkle Zeiten in meinem Leben erlebt?
- Was hat Ihnen Kraft, Mut und Hoffnung – ein Licht – geschenkt?

Bevor man seinen Prinzen findet, muss man 1.000.000 Kröten küssen …

Materialliste

- Material-Grundausstattung (➤ Einleitung)
- Malvorlage: Frosch

Gestaltungsprozess

Jeder sucht sich *„seine Kröte"* heraus und fängt an zu gestalten.

Aus der Praxis

Die Teilnehmer sind alle sehr lustig; genauso witzige, kreative Kröten und Frösche kommen heraus. Eine Teilnehmerin berichtet, dass es früher nicht üblich war, 1.000.000 Kröten zu küssen, sondern man hätte gleich den ersten heiraten müssen und trotzdem, oder gerade deshalb, gestaltet diese Dame die beiden aufeinandersitzenden, sich paarenden Frösche.

Angesprochene Themen neben dem kreativen Gestaltungsprozess

- Naturverbundenheit: jahreszeitlich passend, wenn die Frösche über die Straße hüpfen
- Liebe: Wer war nicht schon einmal verliebt?
- *Liebe macht blind* – nicht nur bei den Fröschen, die blind über die Straße hüpfen. Kenne ich das auch?
- Wie viele Frösche musste ich küssen?
- Erinnerung an das Märchen „Der Froschkönig"
- Woher weiß man, wusste ich, dass es DER richtige Prinz für mich war?
- Fortpflanzung: Häufig sieht man zur „Laichzeit" zwei Frösche aneinander kleben

Kleider machen Leute …

Materialliste

- Material-Grundausstattung (➤ Einleitung)
- Malvorlagen: Badeanzug, Bikini, Kleider, Schuhe, Hosen, Schal, Tücher, Rock, Strumpfhose …, alles, was Sie zum Thema Kleidung finden.

Gestaltungsprozess

Jeder sucht sich seine Kleidung und Accessoires heraus. Deshalb ist es wichtig, viele verschiedene Malvorlagen zur Auswahl anzubieten. Der kreativen Gestaltung sind keine Grenzen gesetzt.

Aus der Praxis

Ein Thema für alle, denn Kleidung braucht jeder. Einige Damen aus der Gruppe berichten während der Gestaltung, dass Sie früher neue Kleidung, zum Beispiel die neue Jacke oder die neuen Schuhe, das allererste Mal in die Heilige Messe/zum Kirchgang anziehen durften; das sei so üblich gewesen. Auch hätte man generell mehr Wert auf den Unterschied zwischen Sonntags- und Arbeitskleidung gelegt.

Angesprochene Themen neben dem kreativen Gestaltungsprozess

- Wie wichtig war/ist mir das Aussehen?
- Ist mir Äußerlichkeit wichtig? Wie wichtig war mir Kleidung?
- Musste ich Kleidung auftragen, zum Beispiel von Geschwistern?
- Was war meine Lieblingskleidung?
- Hatte ich eine spezielle Sonntags- und Arbeitskleidung?
- Habe ich früher selbst genäht? Oder gestrickt?
- Erinnerung an das Märchen „Des Kaisers neue Kleider“

Gemeinschaft – gemeinsam sind wir stark

Materialliste

- Material-Grundausstattung (➤ Einleitung)
- Weißer Tonkarton

Gestaltungsprozess

Ich bin allen Teilnehmern behilflich, die Umrisse ihrer Hand aufzuzeichnen. Dann gestaltet jeder „seine Hand“. Anschließend finden alle Hände in einer Gemeinschaft, zu einem Kreis gelegt, auf dem großen Tonkarton Platz.

Aus der Praxis

Eine Dame erzählt, sie seien regelmäßig 16 Personen bei Tisch gewesen, nämlich die zwei Eltern, die zwei Großeltern, ein Knecht, zwei Mägde und neun Kinder. Da staunen die anderen Teilnehmer nicht schlecht: Was muss das wohl für ein großer Tisch gewesen sein? In den alten Großfamilien galt Gemeinschaft, insbesondere Tischgemeinschaft, noch etwas. Deshalb findet in unserer Gestaltung der Ausspruch „Gemeinsam sind wir stark“ mittig Platz. Eine Teilnehmerin sagt, sie wäre jetzt im Alter aber auch gern mal alleine mit sich, ihr seien die Menschenansammlungen inzwischen manchmal zu viel.

Angesprochene Themen neben dem kreativen Gestaltungsprozess

- Gemeinschaft: Welche Bedeutung hatte diese in meinem Leben?
- Welche Bedeutung hatte/hat für mich die Tischgemeinschaft?
- Wie wichtig ist mir Gemeinschaft heute?
- Oder bin ich manchmal auch lieber für mich allein?

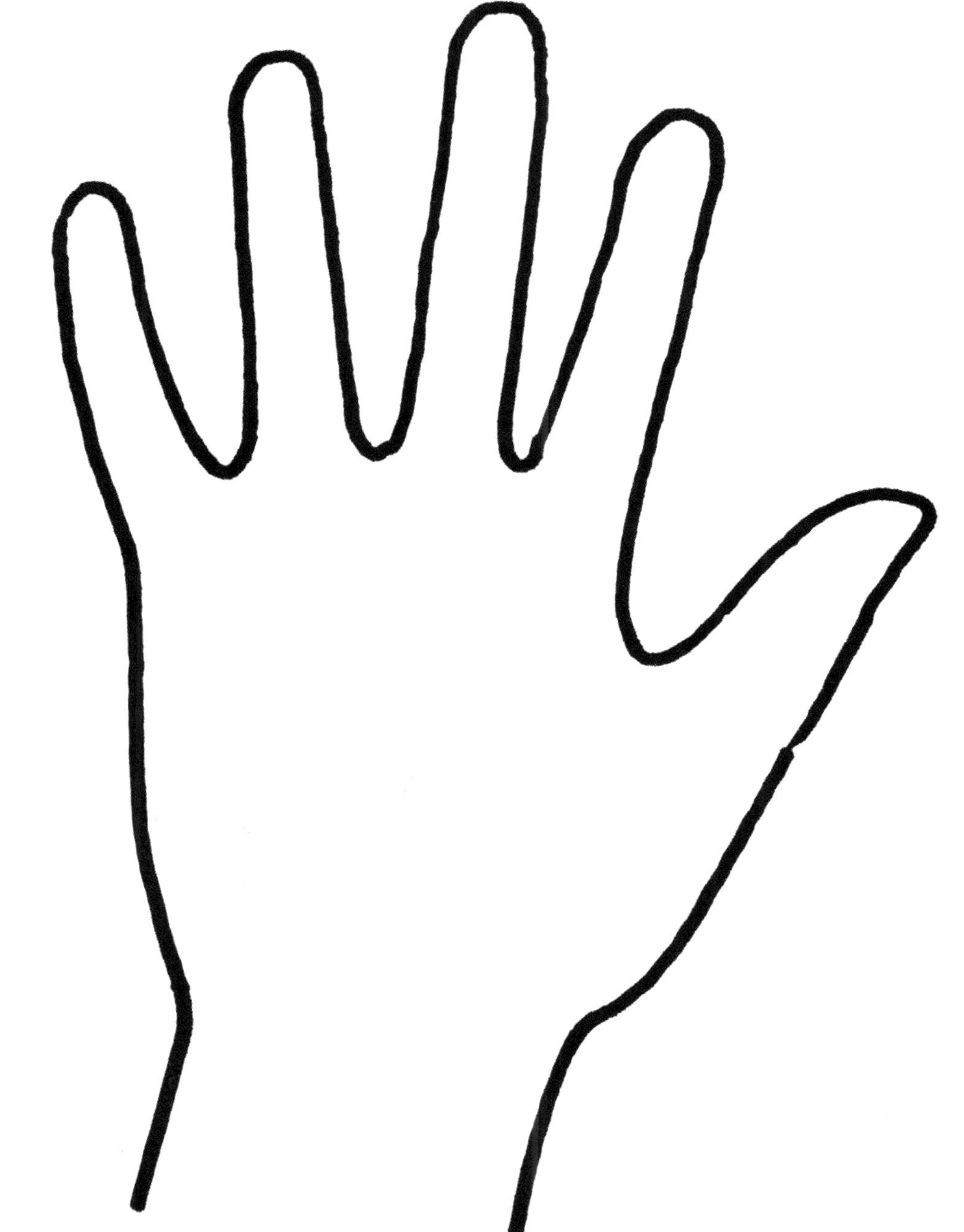

Spinne am Morgen …

Materialliste

- Material-Grundausstattung (➤ Einleitung)
- Malvorlagen: Spinnen, evtl. Käfer und/oder eine Fliege
- Zusätzlich evtl. weiße Wolle für ein Spinnennetz

Gestaltungsprozess

Jeder sucht sich *„seine Spinne"* heraus. Erstaunlich, wie farbenfroh und bunt selbst eine gruselige Kreuzspinne gestaltet werden kann. Hier wird wieder die Fantasie und Individualität jedes Einzelnen sichtbar.

Aus der Praxis

Eine Teilnehmerin beginnt eifrig, ein Spinnennetz aus Wolle zu kleben. Die Spinnen bräuchten doch ein „Zuhause", worin sie leben können. Eine weitere Dame will Futter für die Spinnen gestalten, ich finde noch eine Fliegenvorlage für sie. Eine nach der anderen berichtet von ihrer Spinnenangst bzw. ihrem Spinnenekel, was ja weit verbreitet ist. Eine andere Teilnehmerin spricht die Nützlichkeit jedes einzelnen Tieres an. Die Nächste sagt ein Kindergebet auf *„Kein Tierlein ist auf Erden, dir lieber Gott, zu klein. Du ließest alle werden und alle sind sie dein …"* Wie schnell und unmittelbar das Thema Gespräche fördert, Kindheitserinnerungen weckt; wie das Kindergebet Themen wie Nestbau und Nahrungsaufnahme anspricht …!

Angesprochene Themen neben dem kreativen Gestaltungsprozess

- Ängste vor Spinnen
- Ekel vor Tierchen
- Das Spinnennetz: ein „Zuhause", ein „Nest"
- Jedes Leben hat seine Berechtigung im System Erde
- Respekt vor Natur/Tier
- Im Einklang mit der Natur leben, auch wenn im Herbst die Spinnen ins Haus herein krabbeln.

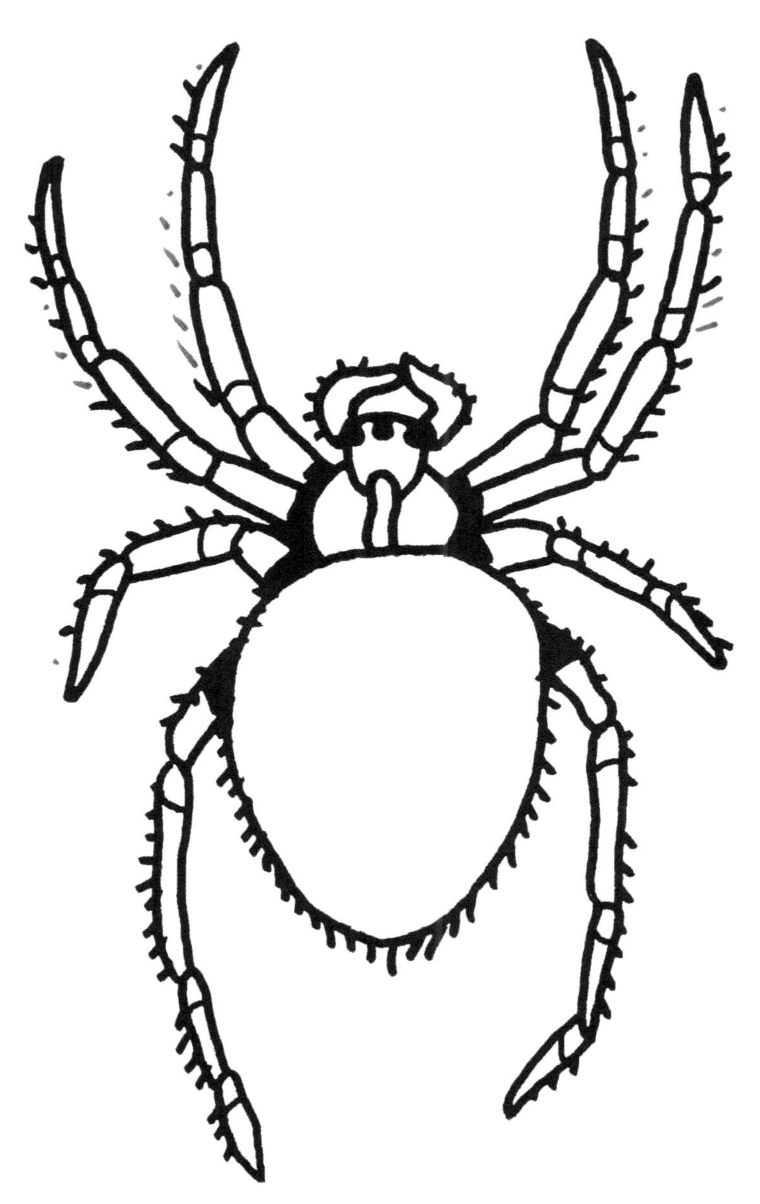

Christbaum – Tannenbaum

Materialliste

- Material-Grundausstattung (➤ Einleitung)
- Malvorlagen: Christbaumkugeln, Kerzen, Sterne
- 2 größere Bögen Tonkarton (grün) für den großen Christbaum
- Evtl. eine kleine Krippe für darunter, evtl. Geschenke für unter den Christbaum

Gestaltungsprozess

Aus zwei großen Bögen Tonkarton entsteht ein Christbaum, die Grundlage für das Gemeinschaftswerk. Dann sucht sich jeder Teilnehmer Christbaumkugeln und Kerzen aus und gestaltet diese.

Aus der Praxis

Eine Teilnehmerin fragt sogleich nach, ob wir nicht auch eine Krippe hätten. Bei ihnen stand früher, als sie ein Kind war, immer eine Krippe unter dem Tannenbaum. Sie gestaltet die Krippe. Eine weitere Dame sagt, sie könne den Tannenduft und das Harz förmlich riechen. Eine andere Teilnehmerin stimmt das Lied *„O Tannenbaum, o Tannenbaum, wie grün sind deine Blätter …“* an.

Angesprochene Themen neben dem kreativen Gestaltungsprozess

Das Thema spricht die ganze Bandbreite von Advents- und Weihnachtserinnerungen an, zum Beispiel:

- Welchen Stellenwert hat Weihnachten/die Adventszeit für mich?
- Wie habe ich früher Weihnachten verbracht?
- Gab es einen Christbaum? Wie wurde er geschmückt? Von wem?
- Mag ich die zauberhafte Advents- und Weihnachtszeit?
- Wenn ich die Augen schließe, kann ich dann den Duft von Weihnachten riechen? Mandarine, Nüsse, Plätzchen, Tannenduft …?
- Welche Erinnerungen habe ich, wenn ich an den Christbaum, an Weihnachten denke?

Gartenarbeit

Materialliste

- Material-Grundausstattung (➤ Einleitung)
- Malvorlagen: Blumen (allerlei Sorten), Gießkanne

Gestaltungsprozess

Jeder gestaltet seine ausgewählten Blumen und/oder Gießkanne und „pflanzt"diese anschließend auf der gemeinsamen Blumenwiese an.

Aus der Praxis

Die Teilnehmer sind alle eifrig am Gestalten. Eine „alte Gärtnerin" verrät Tipps und Tricks zur Tötung von Schnecken. Sie verteidigt sich, was hätte sie denn machen sollen? Sie habe einmal ganz junge Setzlinge in den Garten gesetzt, schon nach einer Stunde waren alle weg, dafür waren überall noch die Spuren der Schnecken zu sehen. Eine andere Teilnehmerin bringt einen weiteren Aspekt ein: *„Denn auf den Gräbern sind sie vergebens"*. Man sollte viel mehr Blumen und somit „Liebe"zu Lebzeiten verschenken, nicht erst aufs Grab legen!

Angesprochene Themen neben dem kreativen Gestaltungsprozess

- Hatte ich einen Garten? Habe ich selbst Blumen angesät?
- Hatte ich am Haus Blumen?
- Im Einklang mit der Natur sein: Pflanzzeit, Erntezeit
- Geduld haben wegen der Schnecken oder bis die Blumen blühen
- Lebensfreude an den Blumen
- Zu welchem Anlass bekam oder verschenkte ich Blumen?
- Abhängigkeit vom Kreislauf der Natur. Für Wachstum braucht es Regen, Sonne, Wärme, damit alles gedeiht.

Draußen wird es langsam kalt, wir wärmen uns an einer Tasse Tee …

Materialliste

- Material-Grundausstattung (➤ Einleitung)
- Malvorlagen: Teetassen, Teekannen, Teeservice, Tasse, Zuckerdose, Kaffeekanne und alles, was Ihnen zu einem Teenachmittag einfällt

Gestaltungsprozess

Den Themenimpuls klebe ich irgendwo auf den Tonkarton. Die Teilnehmer dürfen nach und nach ihre gestalteten Teetassen und Kannen auf den Tonkarton zu einer großen „Kaffeekränzchentafel" zusammenfügen.

Aus der Praxis

Eine Teilnehmerin erzählt von ihrem Teeservice, welches seit vielen Generationen in Familienbesitz gewesen ist. Sie habe es von ihrer Mutter, diese wiederum von der Großmutter usw. geerbt. Ein Schatz, welchen die Frauen der Familie immer hüteten, auf dass kein Stück zerbrach. Eine weitere Dame erzählt, sie habe das von der Mutter vererbte Teeservice nur zu besonderen Anlässen auf den Tisch gedeckt, damit es nicht kaputt gehe.

Angesprochene Themen neben dem kreativen Gestaltungsprozess

- Hatte ich auch ein besonderes Teeservice in der Familie?
- Wie sah es aus?
- Zu welchen Anlässen gab es bei uns Kaffee, Tee und Kuchen?
- Erinnere ich mich an kalte Wintertage, an denen ich meine Hände an einer Tasse Tee wärmte?
- Welche Erinnerungen habe ich, wenn ich an eine Tasse Tee denke?

Arche Noah

Materialliste

- Material-Grundausstattung (➤ Einleitung)
- Malvorlagen: Giraffe, Elefant, Hase, Igel, Bär, Fuchs, Tiger, Löwe, Vögel, Esel, Kuh, Maus, Zebra, Elch, Hund, Katz, … alle Tiere, die Sie finden können
- Noah – eine männliche Figur
- Das Schiff wurde extra aufgemalt, auf 3 Blätter Tonkarton (50 × 70 cm)

Gestaltungsprozess

Jeder sucht sich 2–3 Tiere heraus und beginnt zu malen. Anschließend dürfen alle Tiere ins Boot einsteigen bzw. alle Teilnehmer können ihre Gestaltungen aufkleben.

Aus der Praxis

Dieses Thema wählte ich in einer Zeit aus, in der die Kreativgruppe durch Nachrichten in der Presse von Unglücken, wie dem Tsunami, beeindruckt und beunruhigt war. Eine Dame stellt den Zusammenhang zur biblischen Naturkatastrophe und der Arche Noah her, sodass ich das Thema bei der nächsten Einheit der Kreativgruppe aufgriff.

Angesprochene Themen neben dem kreativen Gestaltungsprozess

- Tiere: Lieblingstier
- Spiritualität/Religiosität: Noahs Gottvertrauen
- Welche Rolle spielt Religiosität/Spiritualität in meinem Leben?
- Schwere Unglücke (Tsunami), die derzeit die Teilnehmer beschäftigten, weil sie überall in der Presse waren.
- Todesangst: Wie viel Angst hatten Noah und die Tiere?
- Kenne auch ich Ängste vor Katastrophen und schwerem Unglück? Sind diese Ereignisse vergleichbar mit dem Krieg?

Schmetterling

Materialliste

- Material-Grundausstattung (➤ Einleitung)
- Malvorlage: Schmetterlinge
- Zusätzlich evtl. noch „Pfeifenputzer“ als Fühler

Gestaltungsprozess

Jeder Teilnehmer sucht sich einen oder mehrere Schmetterlinge heraus und gestaltet diese.

Aus der Praxis

Wie beflügelnd dieses Thema sein kann, sieht man schon an der Vielfalt der entstandenen Gestaltungen. Zusätzlich zu dem üblichen Gemeinschaftswerk, auf dem von jedem Teilnehmer mindestens ein Schmetterling Platz fand, wollen die Teilnehmer Schmetterlinge für ihre Wohnbereiche zum Aufhängen gestalten. Hierfür bereite ich ihnen lediglich den Umriss eines Schmetterlings auf weißem, etwas dickerem Papier vor, welchen sie vorne und hinten bemalen. Pfeifenputzer dienen als Fühler.

Angesprochene Themen neben dem kreativen Gestaltungsprozess

- Lebensfreude und Leichtigkeit: Wenn man zu Beginn im Frühjahr den ersten Zitronenfalter entdeckt
- Schmetterling als Sinnbild für Entwicklung, auf Grund der Entwicklung von der Raupe zum Schmetterling
- Feinfühligkeit: Wie fein sind die Fühler eines so zarten Schmetterlings?
- Hatte ich schon einmal *Schmetterlinge im Bauch?*

Labyrinthe – Lebenswege

Materialliste

- Material-Grundausstattung (➤ Einleitung)
- Malvorlage: Labyrinthe

Gestaltungsprozess

Jeder gestaltet sein ausgewähltes Labyrinth. Diesmal wollen die Teilnehmer ihr Labyrinth nicht auf einen gemeinsamen Tonkarton zusammenfügen, sondern jeder seines für sich behalten.

Aus der Praxis

Alle Teilnehmer gestalten intensiv an ihrem ausgewählten Labyrinth. Sehr schnell entstehen Gespräche, über die *Irrwege des Lebens,* nicht mehr weiter zu wissen und die Frage nach dem *Wohin.* Eine Teilnehmerin erzählt, dass sie, als sie ihr Kind verlor, nicht mehr weiter wusste und es sehr lange dauerte, bis sie wieder auf die Füße kam und ihren Lebensweg weiter beschreiten konnte. Weitere Wendepunkte des Lebens füllen die Gesprächsrunde, nicht nur negative, sondern auch positive, wenn man diese auch teilweise zunächst nicht als positiv erkannte.

Angesprochene Themen neben dem kreativen Gestaltungsprozess

- „An den Scheidewegen des Lebens stehen keine Wegweiser“ (Kalenderspruch)
- Welches Leben verläuft schon immer gerade?
- Wusste ich an manchen Punkten in meinem Leben auch nicht weiter?
- Wie war mein Lebensweg von Anfang an bis heute?
- Wendepunkte und Krisen auf meinem Lebensweg
- Hat sich manch vermeintlicher Irrgang in meinem Leben im Nachhinein als positiv erwiesen?

Frühling lässt sein blaues Band …

Materialliste

- Material-Grundausstattung (➤ Einleitung)
- Malvorlagen: Tulpen als erste Frühlingsboten
- Evtl. das Gedicht „Frühling lässt sein blaues Band“ von Eduard Mörike

Gestaltungsprozess

Jeder Teilnehmer gestaltet Tulpen. Die ersten Tulpen als Vorbote für den beginnenden Frühling.

Aus der Praxis

Eine Teilnehmerin sagt während des Ausmalens ein Gedicht von Eduard Mörike auf, welches die ganze Gruppe im Chor mitspricht. Offensichtlich ein sehr bekanntes Gedicht, welches von vielen in ihrer Schulzeit auswendig gelernt werden musste. Deshalb findet es zum Schluss auch auf der Gestaltung seinen Platz.

Er ist's
Frühling lässt sein blaues Band
Wieder flattern durch die Lüfte
Süße, wohlbekannte Düfte
Streifen ahnungsvoll das Land
Veilchen träumen schon,
Wollen balde kommen
Horch, von fern ein leiser Harfenton!
Frühling, ja du bist's!
Dich hab ich vernommen.
Eduard Mörike (1804–1875)

Angesprochene Themen neben dem kreativen Gestaltungsprozess

- Welche Erinnerungen habe ich an die Jahreszeit Frühling?
- Was war meine Blütezeit im Leben? Wie alt war ich da? Bin ich jetzt schon verwelkt?
- Erinnere ich mich an sogenannte Frühlingsgefühle?
- Hatte ich einen Garten? Hatte ich dort auch Tulpen?
- Frühling: Alles beginnt wieder zu leben, zu blühen, nach der kalten grauen Winterzeit

Rosengarten

Materialliste

- Material-Grundausstattung (➤ Einleitung)
- Malvorlage: Rosen
- Zusätzlich evtl. ein Rosengedicht, zum Beispiel „Rosengarten“ von Herrmann Löns

Gestaltungsprozess

Jeder Teilnehmer sucht sich seine Rosen aus und gestaltet diese. Abschließend finden alle Rosen im Rosengarten, um das gleichnamige Gedicht von Herrmann Löns herum, Platz.

Rosengarten
Ich weiß ein Garten hübsch und fein.
Da blüht ein rotes Röselein;
Und darum ist ein Heckenzaun,
im Sommer grün, im Winter braun.
Und wer das Röslein brechen will,
muss kommen stumm, muss kommen still;
muss kommen bei der dustren Nacht,
wenn weder Mond noch Sternlein wacht.
Ich wollte meinem Glück vertraun,
stieg heimlich übern Gartenzaun;
Das rote Röslein war geknickt,
ein andrer hatte es gepflückt.
Das Gärtchen ist nun kahl und leer,
das rote Röslein blüht nicht mehr;
Betrübt muss ich von weitem stehn
Und nach dem Rosengarten sehn.
Hermann Löns (1866–1914)

Aus der Praxis

Das Gedicht bringt eine Teilnehmerin, die zugleich Rosenliebhaberin ist, mit in die Kreativgruppe, und fragt, ob wir dazu nicht etwas gestalten können. So entsteht unser Rosengarten.

Angesprochene Themen neben dem kreativen Gestaltungsprozess

- Hatte ich selbst Rosen in meinem Garten?
- Zu welchen Anlässen bekam ich oder verschenkte ich Rosen? Von wem? An wen?
- Rosen als die Königin der Blumen und das Zeichen der Liebe, aber auch des Abschiedes am Grabe
- Mein Rosengarten als Platz der Ruhe und des Friedens
- Rosenduft, eines der kostbarsten ätherischen Öle und Parfüms

Nikolaus

Materialliste

- Material-Grundausstattung (➤ Einleitung)
- Malvorlagen: Nikolaus, Nikolausstiefel, Strump
- Evtl. Watte als Bart, sowie ein Stückchen Jute, als Sack

Gestaltungsprozess

Alle suchen sich aus den Malvorlagen einen Nikolaus aus und gestalten diesen. Eine Teilnehmerin wünscht sich einen großen Nikolaus aufgezeichnet, den sie dann liebevoll ausmalt und in ihren Wohnbereich hängt.

Aus der Praxis

Während der Gestaltung erzählen sich die Teilnehmer von vielen schönen, zum Teil aber auch in Kinderaugen beängstigenden Situationen, wenn früher der Nikolaus mit seiner Rute vor der Tür stand. Eine Dame vergleicht das mit der heutigen Zeit, wo Kinder an solche „Märchen" ja leider nicht mehr glauben. Der Glaube daran würde ihnen aber nicht schaden, so die Gruppe einstimmig. Eine weitere Teilnehmerin sagt das Gedicht „Knecht Ruprecht" auf, das habe sie auswendig lernen und aufsagen müssen, Jahr für Jahr …

Angesprochene Themen neben dem kreativen Gestaltungsprozess

- Welche Erinnerungen habe ich an den Nikolaus?
- Hatten wir Angst?
- Habe ich fest an den Nikolaus geglaubt?
- Wer, dachte ich, verbirgt sich hinter der Nikolausmaske?
- Was brachte uns der Nikolaus mit?
- Kinderauge – Kinderglaube
- Nikolaus als Erziehungsmittel?
- Erinnerungen an die geheimnisvolle Vorweihnachtszeit werden wach

Mandala – gebündelte Lebensweisheit

Materialliste

- Material-Grundausstattung (➤ Einleitung)
- Malvorlage: Mandalas

Gestaltungsprozess

Ich bitte alle Teilnehmer schon im Voraus, ihr „Lebensmotto", ihren Spruch/ihre Lebensphilosophie mitzubringen, einen Spruch, der die eigenen Lebenserfahrungen widerspiegelt, aus der Summe aller Erfahrungen.

Aus der Praxis

Bei diesem Thema ist wieder für jeden etwas dabei, denn jeder hat seine „Lebensphilosophie" in Form eines Kalenderspruchs mitgebracht. Das gibt jede Menge Spaß und Gesprächsstoff. Einige der Teilnehmer kleben sich das Mandala mit ihrem Spruch an die Zimmertüre, *„damit jeder gleich Bescheid weiß, was für einer hinter der Tür wohnt"*, sagt eine der Teilnehmerin dabei lächelnd.

Angesprochene Themen neben dem kreativen Gestaltungsprozess

Im Zentrum dieses Themenimpulses steht der mitgebrachte Spruch, sowie:

- Welche Erinnerungen/Erfahrungen verbinde ich mit meinem ausgewählten Spruch?
- Warum gefällt mir der Spruch so?
- Wie finden ihn die anderen Teilnehmer?
- Welche Weisheiten haben die anderen Teilnehmer mitgebracht?
- Was hat der Spruch mit meiner Lebensgeschichte zu tun?
- Bündelt der Spruch die Summe all meiner Erfahrungen?
- Spiegelt der Spruch meine eigene gewonnene Lebensweisheit?
- Bilanz ziehen – Sinn finden und erleben

Hände

Materialliste

- Material-Grundausstattung (➤ Einleitung)
- Tonkarton in allen möglichen Farben (zur Auswahl)

Gestaltungsprozess

Ich bin allen Teilnehmern behilflich, die Umrisse ihrer Hand aufzuzeichnen. Jeder schneidet seine Hand aus, gestaltet evtl. noch Schmuck und Fingernägel, bevor sich alle Hände zu einem großen Werk auf dem Tonkarton zusammenfinden.

Aus der Praxis

Die Teilnehmer berichten von harter Arbeit auf dem Feld, auf dem Hof … Das habe Spuren an den Händen hinterlassen. Weiter fordere ich die Teilnehmer auf, sich kurz ihre Hände anzusehen und sich während der Betrachtung zu fragen, was ihre Hände ihnen erzählen würden, wenn sie sprechen könnten.

Angesprochene Themen neben dem kreativen Gestaltungsprozess

- Was haben diese Hände alles geschaffen?
- Was haben diese Hände alles erlebt?
- Was haben sie geleistet?
- Was können sie uns erzählen?
- Helfende Hände

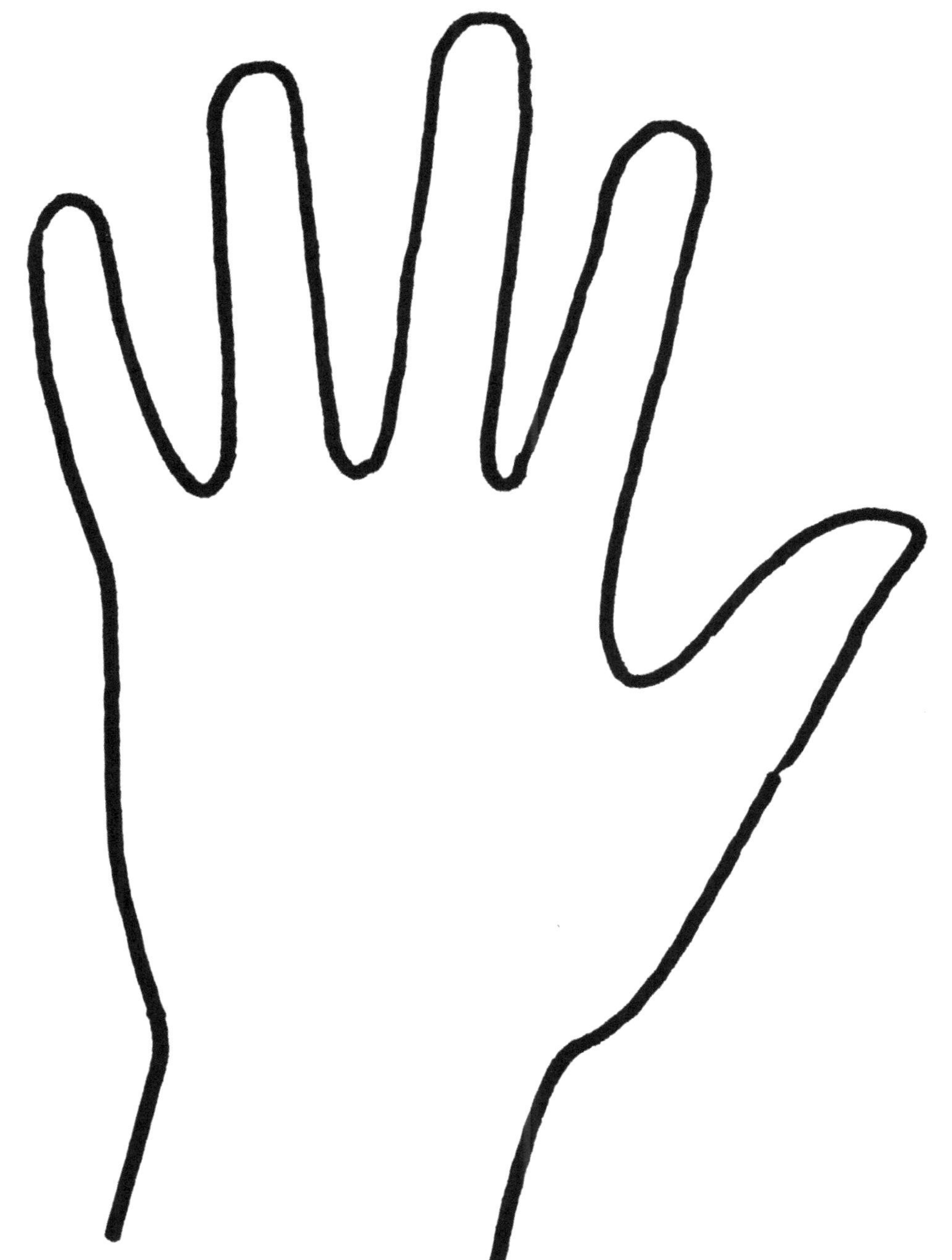

Aus dem Blick der alten, weisen Eule …

Materialliste

- Material-Grundausstattung (➤ Einleitung)
- Malvorlage: Eule
- Zusätzlich evtl. noch Naturmaterialien, wie Moos, Blätter, Baumrinde

Gestaltungsprozess

Jeder Teilnehmer gestaltet seine Eule. Ich bereite in der Zwischenzeit mit einer Bewohnerin einen großen Baum (aus echter Rinde) vor, auf dessen Äste die Eulen dann Platz nehmen dürfen.

Aus der Praxis

Die Eule als Sinnbild für scharfe Sinne, Weisheit, Klugheit … Ich gebe der Gruppe die Rückmeldung, dass ich schon häufig in ihrer Runde dachte, welch Reichtum an Wissen und Weisheit von all den alten weisen Eulen, den Teilnehmern der Gruppe, kommt. Ich sei immer wieder beeindruckt und freue mich, an ihrer Weisheit, an ihrer Lebenserfahrung und an ihren Lebensgeschichten teilhaben zu dürfen.

Angesprochene Themen neben dem kreativen Gestaltungsprozess

- Rückblick auf die eigenen vielen Lebenserfahrungen
- Rückblick auf die eigene gewonnene Lebensweisheit
- Wertschätzung der vielen Jahre *„auf dem Buckel"*
- Kritischer, distanzierter, gelassener Blick und Beobachtung des Lebens anderer Menschen, insbesondere der „jungen Generation"

Ungeliebter Löwenzahn

Materialliste

- Material-Grundausstattung (➤ Einleitung)
- Malvorlage: Löwenzahn
- Zusätzlich evtl. noch Watte für die Pusteblumenköpfe

Gestaltungsprozess

Jeder malt einen oder mehrere Löwenzahnvorlagen aus, welche alle auf der Löwenzahnwiese ihren Platz finden.

Aus der Praxis

Sinnbildlich stehen hinter dem ungeliebten Unkraut, dem Löwenzahn, die eigenen menschlichen, ungeliebten Anteile. Es geht also um das Thema Selbstannahme, sowie auch um die Annahme der Welt, das Annehmen der Grundbedingungen des Lebens, wie sie halt sind. Dies bietet der Gruppe Gesprächsstoff, sowohl auf der übertragenen Ebene, als auch auf der Gärtnerebene. Sie diskutieren, wie der Löwenzahn den ein oder anderen beim Gärtnern nervte, dass irgendwie aber auch alles dazugehört, dass alles seinen Sinn habe, auch das ungeliebte Unkraut. Eine Teilnehmerin sagt: *„Wir gehören schließlich jetzt auch schon zum Unkraut, welches ausgerupft und entfernt werden muss"*.

Angesprochene Themen neben dem kreativen Gestaltungsprozess

- Gehöre ich auch schon zum Unkraut, Ausschuss?
- Alles hat seinen Sinn, alles hat seine Berechtigung
- Bedingungen des Lebens annehmen können
- Auch eigene ungeliebte Anteile annehmen können, gerade jetzt im Alter

Im Schneckentempo …

Materialliste

- Material-Grundausstattung (➤ Einleitung)
- Malvorlagen: Schnecken und Schneckenhäuser

Gestaltungsprozess

Jeder Teilnehmer gestaltet seine Schnecke.

Aus der Praxis

Dieses Thema habe ich auf Grund eines Gespräches zweier Damen aus der Gruppe aufgegriffen. Sie unterhielten sich über ihr Alter, dass alles nicht mehr so schnell ginge, wie sie immer langsamer würden und fast schon so *lahm wie eine Schnecke* wären. Nachdem ich den Themenimpuls „Im Schneckentempo …" verkünde, beginnt ein reger Austausch untereinander, wer mit welchen Dingen inzwischen auf Grund des fortschreitenden Alters Probleme habe. Gewisse Parallelen schwindender Kräfte im Alterungsprozess schenken untereinander Trost, Mut und Kraft. Das Gefühl, nicht allein zu sein, bestätigt und entlastet die Teilnehmer. Und ganz nebenbei entstehen kunterbunte, lebensfrohe Schnecken und Schneckenhäuser.

Angesprochene Themen neben dem kreativen Gestaltungsprozess

- Körperlicher Abbau: damit klar kommen, dass die eigenen Kräfte nachlassen
- Vieles lässt aufgrund des natürlich fortschreitenden Alterungsprozesses nach, zum Beispiel Geschwindigkeit, Geschicklichkeit, Reaktionsvermögen, Sehfähigkeit, Gehfähigkeit
- Sich trotz des Alterns so annehmen können, wie man ist

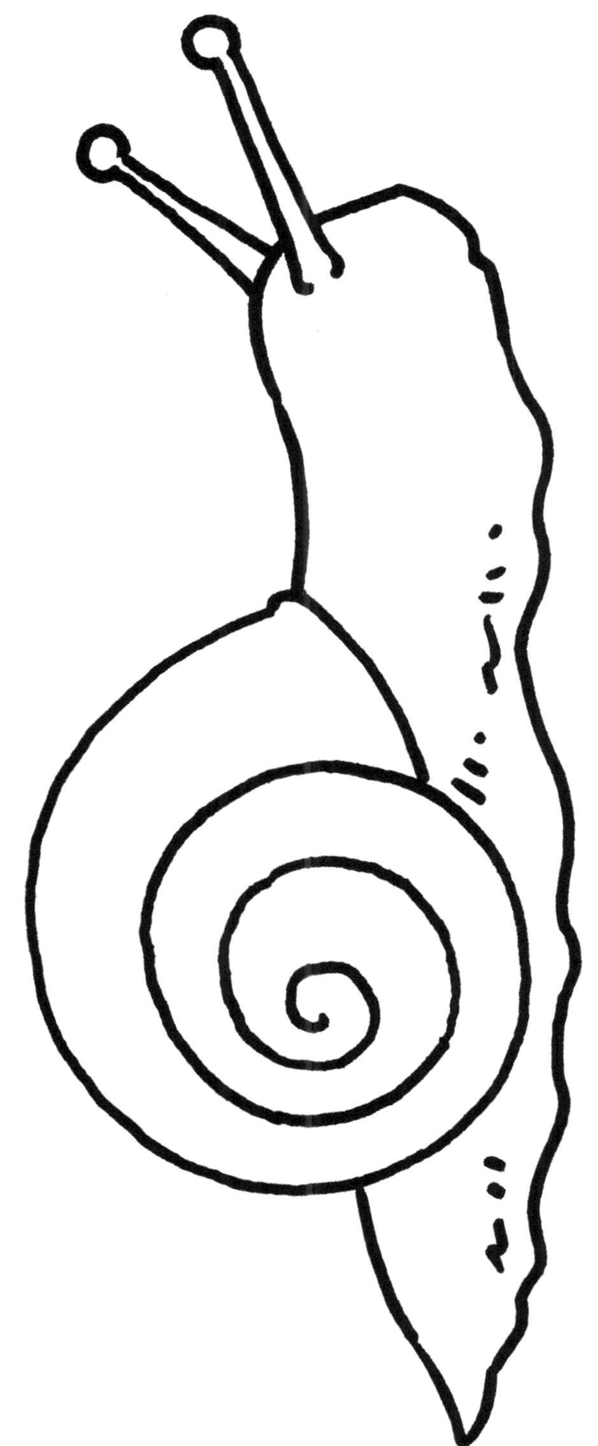

Ozean

Materialliste

- Material-Grundausstattung (➤ Einleitung)
- Malvorlagen: Fische, Wasserpflanzen, Wasserschnecke, Muscheln
- Zusätzlich evtl. noch echten Sand und Muscheln, sowie ein Kartoffelnetz als Fischernetz

Gestaltungsprozess

Jeder Teilnehmer sucht sich einen oder mehrere Fische aus und gestaltet diesen/diese beliebig.

Aus der Praxis

Zu Anfang betrachten wir die Tiefe des Ozeans, den blauen Tonkarton. Ich frage, was den Teilnehmern dazu einfalle. Eine Dame sagt: „*Mit der Tiefe des Ozeans ist es wie mit der Tiefe unserer Welt, der Tiefe unseres Lebens, manchmal macht es Angst, manchmal schenkt es Freiheit …*" – ein schöner Vergleich. Alle gestalteten Fische schwimmen nach und nach in unserem Ozean.

Angesprochene Themen neben dem kreativen Gestaltungsprozess

- Tiefe des Ozeans, Tiefe des Lebens
- Artenvielfalt, Individualität und Einzigartigkeit jedes Fisches bzw. jedes Menschen
- Mit den anderen Fischen im Ozean auskommen – sinnbildlich mit den Mitmenschen auf der Welt oder hier im Altersheim in der Kreativgruppe auskommen
- „Gegen den Strom schwimmen": Musste ich auch schon mal gegen den Strom schwimmen?
- Im Fischernetz gefangen sein: Habe ich mich auch schon mal gefangen/unfrei gefühlt?

Pilze

Materialliste

- Material-Grundausstattung (➤ Einleitung)
- Malvorlage: Pilze
- Zusätzlich evtl. etwas Moos für den Waldboden

Gestaltungsprozess

Jeder Teilnehmer gestaltet seine ausgewählten Pilze. Am Ende finden alle Pilze auf einem moosigen Boden (Tonkarton 50 × 70 cm) ihren Platz.

Aus der Praxis

Eine Dame aus der Gruppe erzählt, wie sie als Kinder oft stundenlang durch den Wald liefen und Pilze sammelten, Pfifferling, Schweinsohren, Steinpilze. Das seien wirkliche Leckerbissen gewesen. Zwei weitere Teilnehmer tauschen fleißig Rezepte für *Rahmschwammerl mit Semmelknödel* aus.

Angesprochene Themen neben dem kreativen Gestaltungsprozess

- Pilze als Nahrung
- Habe ich früher Pilze gesammelt und verzehrt?
- Welche Pilze kenne ich?
- Welche Rezepte für die Pilzküche kenne ich?
- Welche Pilze sind genießbar? Welche sind giftig?
- Was ist Gift für unser Leben?
- Wann bin ich giftig und ungenießbar?

Es wird kalt, wir igeln uns ein …

Materialliste

- Material-Grundausstattung (➤ Einleitung)
- Malvorlagen: Igel, Herbstblätter
- Zusätzlich evtl. noch Moos aus dem Garten

Gestaltungsprozess

Jeder Teilnehmer sucht sich seinen Igel oder eine ganze Igelfamilie unter den Vorlagen aus und beginnt zu gestalten. Später fügen wir alle Gestaltungen auf einem großen Tonkarton mit Herbstblättern zu einem Gemeinschaftswerk zusammen.

Aus der Praxis

Eine Teilnehmerin berichtet davon, wie sie in ihrem eigenen Garten jedes Jahr einen Haufen Herbstblätter liegen ließen, damit die Igel eine Höhle haben.

Angesprochene Themen neben dem kreativen Gestaltungsprozess

- Hatten wir Igel im heimischen Garten?
- Brauchte ich in meinem Leben auch manchmal Stacheln wie der Igel, damit mir niemand zu nahe rückt?
- Manchmal möchte man sich einfach nur einigeln und sich vor dem Leben verstecken – kenne ich das?

Mein kleiner grüner Kaktus ....

Materialliste

- Material-Grundausstattung (➤ Einleitung)
- Malvorlage: verschiedene Kakteen
- Zusätzlich evtl. noch echter Sand

Gestaltungsprozess

Jeder Teilnehmer sucht sich aus den Kakteenvorlagen etwas heraus und gestaltet seinen Kaktus.

Aus der Praxis

Die Gruppe unterhält sich darüber, was es bedeutet, wenn man jemandem einen Kaktus schenke. Eine Teilnehmerin beginnt direkt das Lied *„Mein kleiner grüner Kaktus …"* anzustimmen. Eine Teilnehmerin sagt, sie hätte in ihrem Leben auch öfters mal Stacheln wie ein Kaktus brauchen können.

Angesprochene Themen neben dem kreativen Gestaltungsprozess

- Für was braucht man Stacheln?
- Brauchte ich in meinem Leben ab und an Stacheln?
- Jemanden ausstechen wollen, kenne ich das?
- Ein Kaktus ist genügsam und pflegeleicht: Wie ist das mit mir? Bin ich genügsam? Was brauche ich zum Leben?

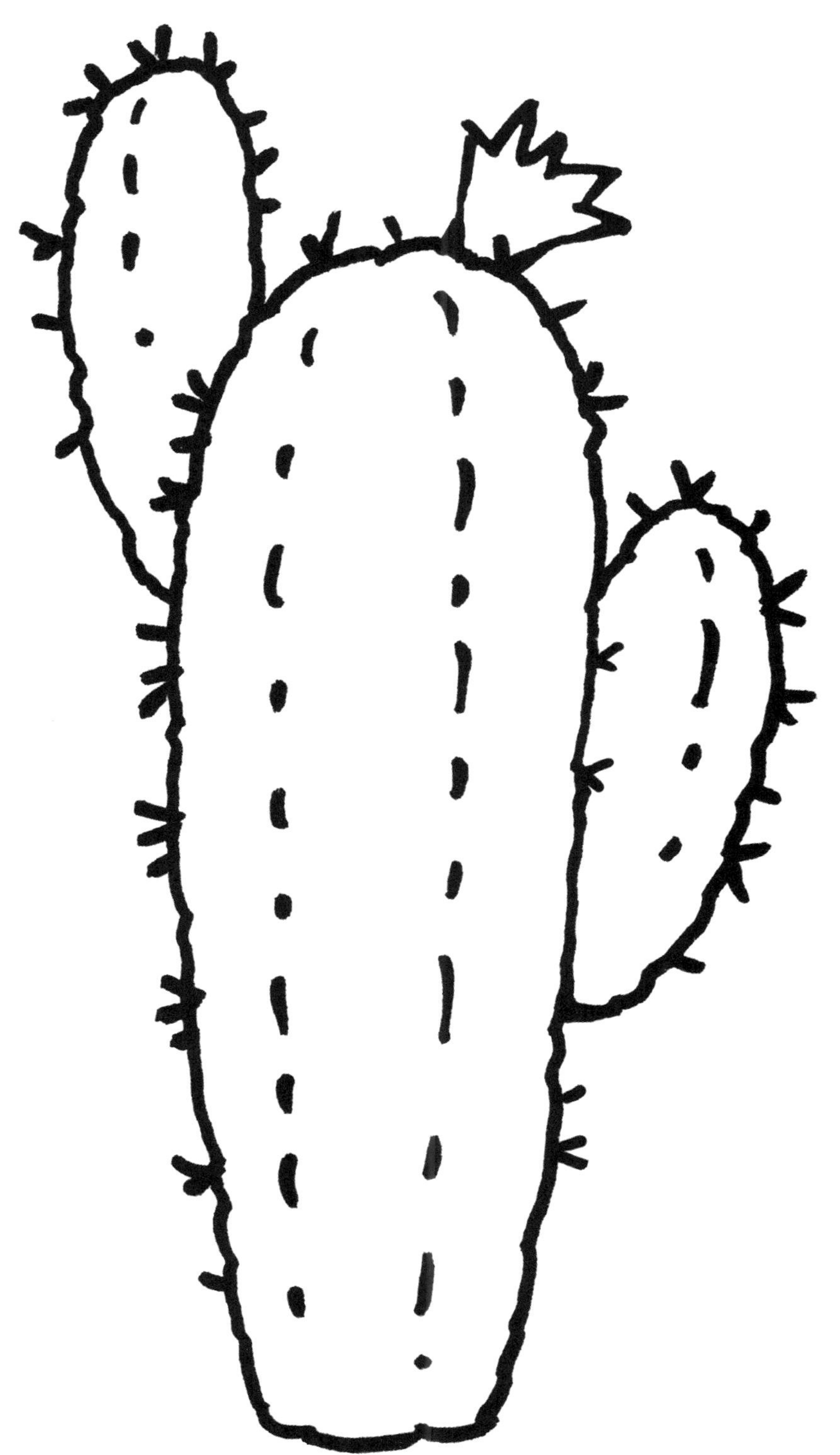

Masken

Materialliste

- Material-Grundausstattung (➤ Einleitung)
- Malvorlage: Masken auf dickem weißen Tonkarton aufgemalt und ausgeschnitten
- Zusätzlich evtl. noch Glitzer, Perlen und Federn zur Verzierung

Gestaltungsprozess

Jeder Teilnehmer gestaltet „seine“ Maske wie er möchte, wie es gefällt. Spannend, welch unterschiedliche Masken entstehen, trotz gleicher Vorlage für alle.

Aus der Praxis

Am Ende der Einheit will jeder ein Foto von sich hinter der Maske. Wir sitzen noch einige Zeit zusammen und stellen uns vor, wir seien in Venedig auf einem Maskenball. Eine Teilnehmerin betrachtet die Masken und meint, dass hinter jeder Maske auch die richtige Person stecke. Die Gruppe bestätigt, dass wohl in jeder Maske auch ein Stück Persönlichkeit stecke, die durch die Gestaltung hineingebracht wird.

Angesprochene Themen neben dem kreativen Gestaltungsprozess

- Wollte ich mich auch schon mal hinter einer Maske verstecken?
- Kenne ich Menschen, bei denen ich das Gefühl habe, sie würden eine Maske tragen?
- Maske ablegen – Farbe bekennen
- War ich früher im Fasching gerne verkleidet?
- Sich hinter einer Maske verstecken – anders sein wollen

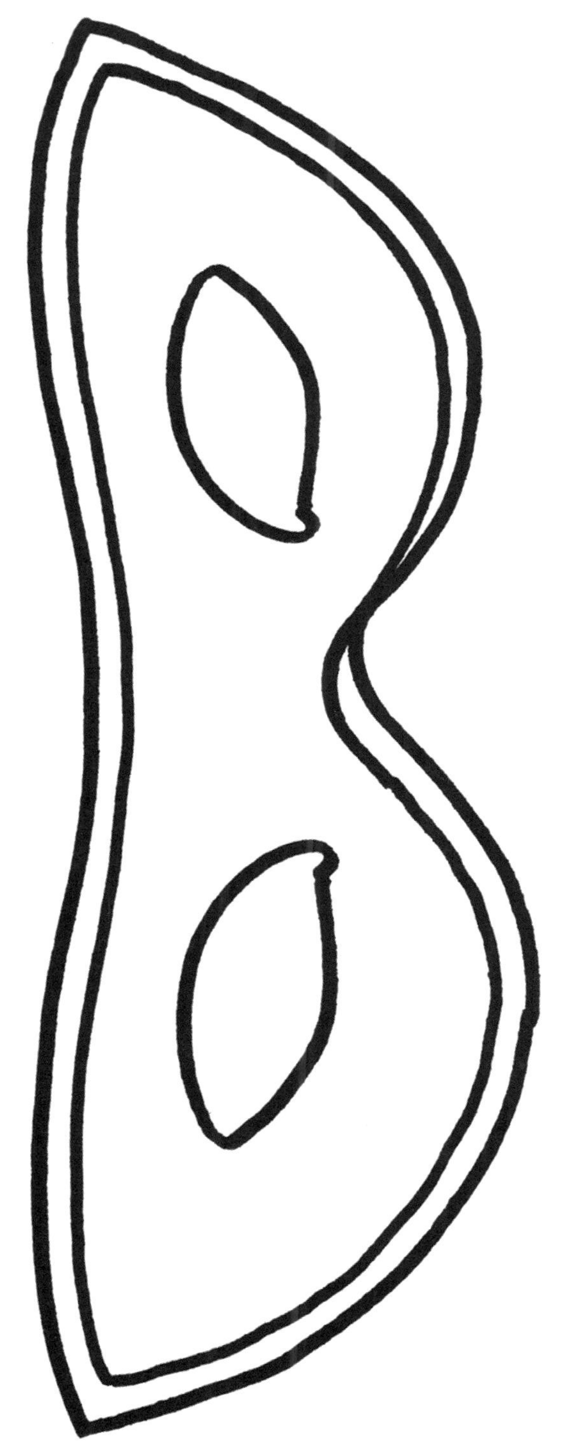

Schiffsreise – Lebensreise

Materialliste

- Material-Grundausstattung (➤ Einleitung)
- Malvorlage: Schiffe
- Zusätzlich evtl. Schaschlikspieße für die Masten und verschiedene Stoffreste als Segel

Gestaltungsprozess

Jeder Teilnehmer gestaltet sein Schiff.

Aus der Praxis

Während der Gestaltung vergleichen wir eine Schiffsreise mit unserem Leben. Zum Beispiel, wie wichtig es ist, im Leben immer wieder „die Richtung“ zu finden, nach einem „Sturm“ immer wieder neu „Segel zu setzen“ … Eine Teilnehmerin bestätigt dies: Man dürfe nie aufgeben, egal, welche „Stürme des Lebens“ einen kurzfristig aus der Bahn werfen.

Angesprochene Themen neben dem kreativen Gestaltungsprozess

- Sprichwort „Im gleichen Boot sitzen“
- Der Kapitän auf dem eigenen Schiff, meines eigenen Lebens sein
- Nach einem Sturm wieder auf die Beine kommen
- Wieder Masten setzen
- Immer wieder die Richtung, das Ziel neu bestimmen, neu ausrichten
- Der Wellengang steht symbolisch für das Auf und Ab im Leben
- Wie habe ich das Auf und Ab in meinem Leben erlebt?
- Was hat mir immer wieder auf die Beine geholfen, Kraft gegeben?
- „Gegen den Strom“ segeln

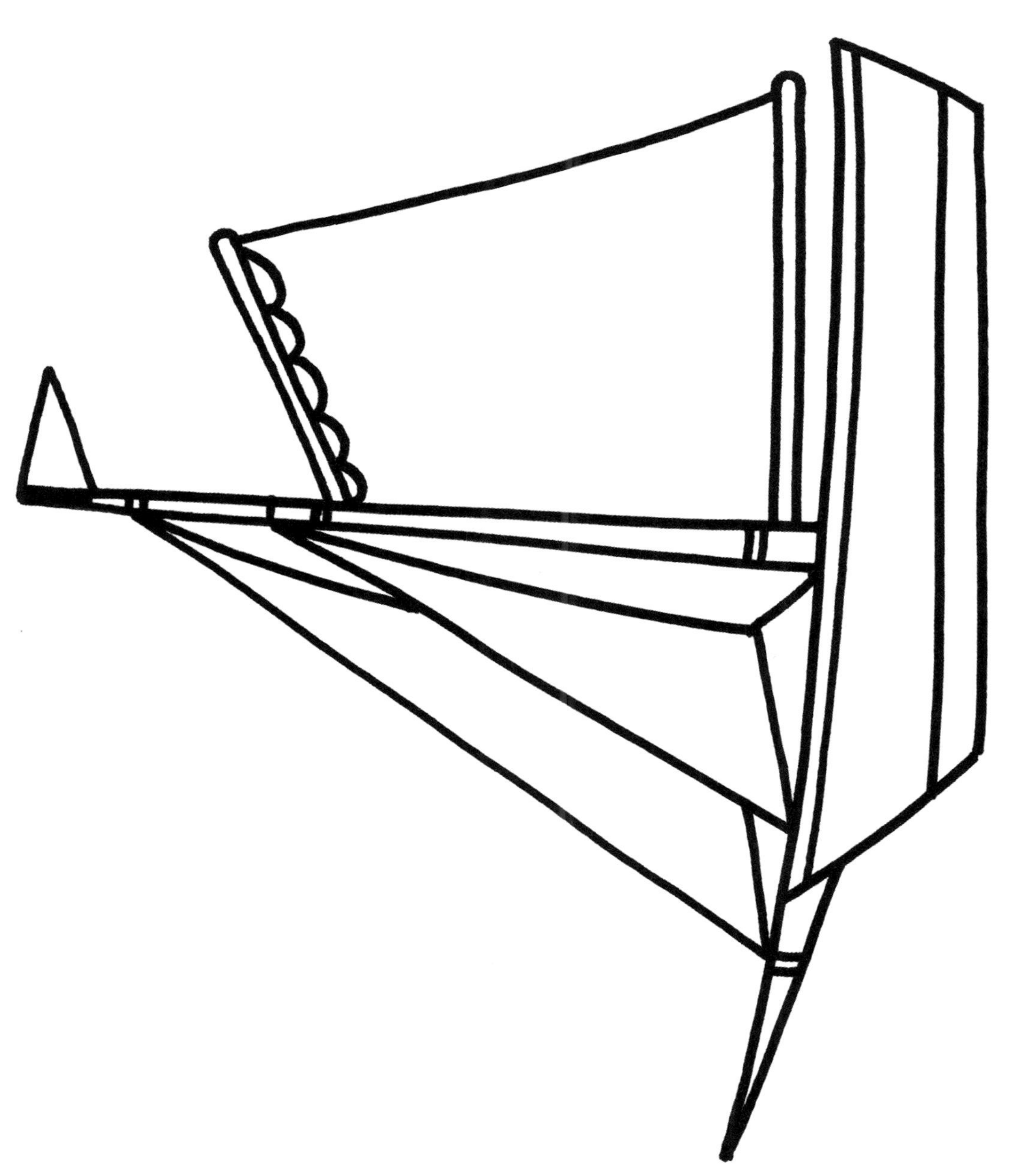

Sterntaler

Materialliste

- Material-Grundausstattung (➤ Einleitung)
- Malvorlage: Sterne
- Zusätzlich evtl. das Märchen „Sterntaler" der Gebrüder Grimm sowie Glitzer und Glimmer

Gestaltungsprozess

Jeder Teilnehmer gestaltet einen oder mehrere Sterne. Dabei lese ich oder ein Teilnehmer das Märchen „Sterntaler" der Gebrüder Grimm vor.

Aus der Praxis

Die Gruppe unterhält sich über das Märchen „Sterntaler". Eine Teilnehmerin berichtet davon, wie ihre Großmutter ihr diese Geschichte immer vorlas, wenn sie sich weigerte, mit ihren Geschwistern zu teilen.

Angesprochene Themen neben dem kreativen Gestaltungsprozess

- Kindheitserinnerungen werden geweckt – das Märchen kennen alle
- Reines Herz haben
- Teilen
- Armut – nichts zu essen oder zu trinken haben
- Botschaften der Geschichte: für die Großherzigkeit, trotz eigener Armut belohnt werden, sowie *„am Ende wird alles gut, das Gute siegt"*.

Der Herr ist mein Hirte …

Materialliste

- Material-Grundausstattung (➤ Einleitung)
- Malvorlagen: Hirte und viele Schafe
- Zusätzlich evtl. noch Watte für die Schafe und den Psalm 23

Gestaltungsprozess

Jeder sucht sich ein oder mehrere Schafe zur Gestaltung heraus und beginnt mit dem Malen und Gestalten. Wie immer, finden sich dann alle Schafe, alle Gestaltungen zu einer Herde auf einem Tonkarton zusammen.

Aus der Praxis

Eine Teilnehmerin, eine tief gläubige Frau, erzählt, sie habe den folgenden Text am Sterbebett ihres Mannes gemeinsam mit dem Pfarrer gebetet, seither gäbe ihr der Psalm Kraft und Mut, auch wenn sie an ihre eigene Sterbestunde denke.

Der HERR ist mein Hirte, mir wird nichts mangeln.
Er weidet mich auf einer grünen Aue und führet mich zum frischen Wasser.
Er erquicket meine Seele. Er führet mich auf rechter Straße um seines Namens willen.
Und ob ich schon wanderte im finstern Tal, fürchte ich kein Unglück; denn du bist bei mir, dein Stecken und Stab trösten mich.
Du bereitest vor mir einen Tisch im Angesicht meiner Feinde. Du salbest mein Haupt mit Öl und schenkest mir voll ein. Gutes und Barmherzigkeit werden mir folgen mein Leben lang, und ich werde bleiben im Hause des HERRN immerdar. (Psalm 23)

Angesprochene Themen neben dem kreativen Gestaltungsprozess

- Geführt werden, begleitet und behütet sein, nicht alleine sein
- Trost und Kraft in schwierigen Lebenssituationen
- Auf dem letzten Weg begleitet sein, sich aufgehoben fühlen
- Bin ich eher ein Herdentier? Oder ein Einzelgänger?
- Schwarzes Schaf: Hatten wir ein schwarzes Schaf in unserer Familie?

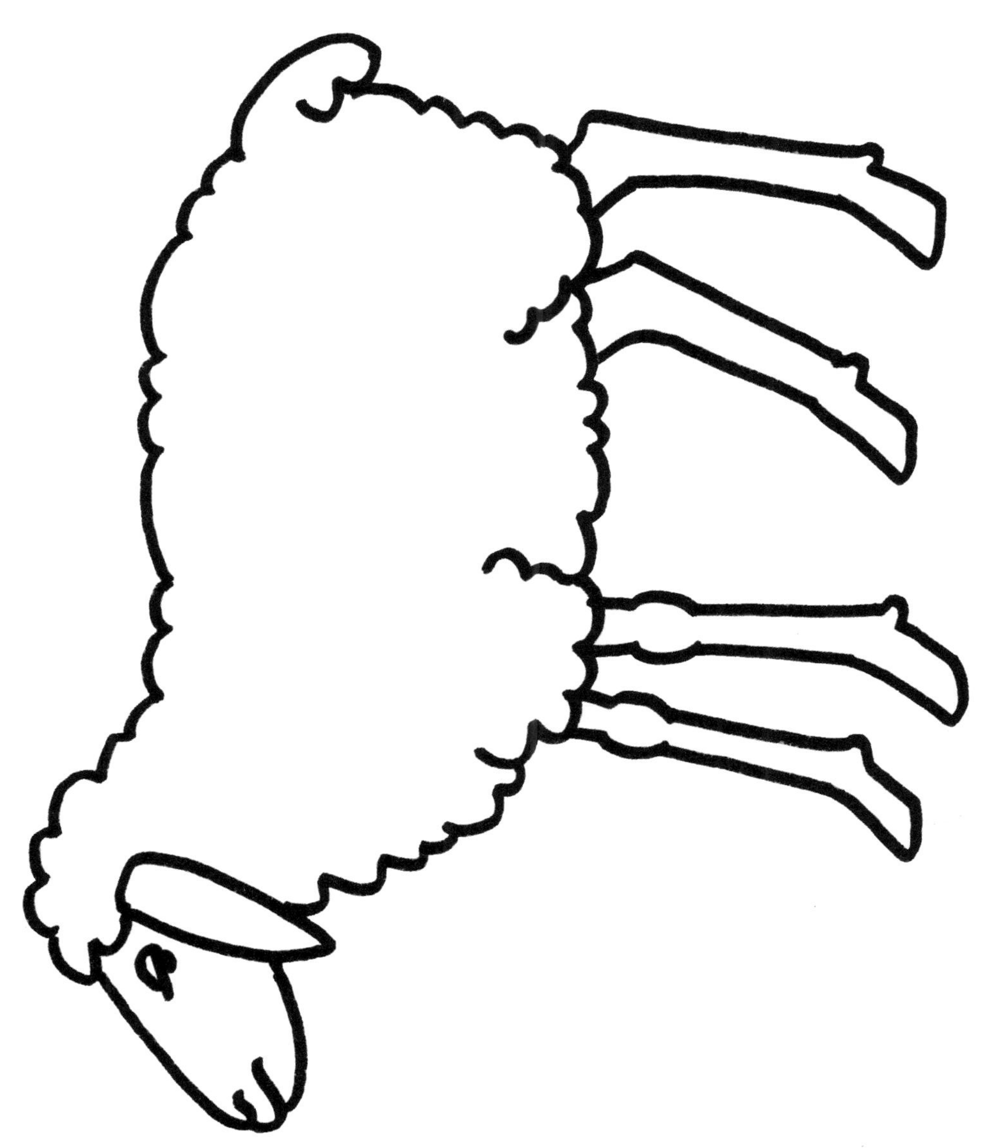

Obstkorb

Materialliste

- Material-Grundausstattung (➤ Einleitung)
- Malvorlagen: alle möglichen Obstsorten

Gestaltungsprozess

Zwei Teilnehmerinnen beginnen mit dem Flechten eines Korbes, um das Obst, was die anderen gestalten, „einsammeln" zu können. Alle anderen Teilnehmer gestalten allerlei Obst.

Aus der Praxis

Während der Gestaltung ist die Gruppe ständig im Gespräch. Eine Dame erzählt von einem alten Brauch, dass bei der Geburt eines Kindes ein Obstbaum gepflanzt wurde, bei einem Mädchen ein Birnbaum, bei Buben ein Apfelbaum. So wurde der Fortbestand der Bäume im Garten des eigenen Hofes erhalten. Eine andere Teilnehmerin erzählt, in ihrer Heimat hätten sie zur Hochzeit einen Apfelbaum gepflanzt, auf dass es viel Nachwuchs gäbe.

Angesprochene Themen neben dem kreativen Gestaltungsprozess

- Ernte, Erntezeit
- Obst, Nahrung, genügend Essen haben, Obst ist gesund und vitaminreich
- Hatten wir eigene Obstbäume im Garten?
- Habe ich Rezepte zum Obst einmachen?
- „Der Apfel fällt nicht weit vom Stamm": Finde ich an diesem Spruch etwas Wahres?

Essen hält Leib und Seele zusammen …

Materialliste

- Material-Grundausstattung (➤ Einleitung)
- Malvorlagen: Marmeladenglas, Butter, Brot, Semmel, Messer, Gabel, Teller, Fisch, Getreide, Obst, Milch, Kartoffeln, Bier, Wurst, Wein; alles, was Sie zum Thema Lebensmittel und Essen finden können
- Zusätzlich evtl. einen (blau-weiß-karierten) Stoff als Tischdecke

Gestaltungsprozess

Jeder Teilnehmer sucht sich aus den Malvorlagen etwas aus, was er gestalten will. Am Ende fügen wir alles wieder zu einem großen gedeckten Tisch zusammen.

Aus der Praxis

„Essen hält Leib und Seele zusammen", so besagt es ein alter Spruch. Das bestätigen die Teilnehmer der Kreativgruppe und tauschen angeregt allerlei Rezepte aus.

Angesprochene Themen neben dem kreativen Gestaltungsprozess

- Welche Bedeutung hat/hatte Essen für mich?
- Hatte ich immer genug zu Essen? – Hungersnot in der Kriegszeit
- Wer arbeitet, muss auch etwas Gescheites essen
- Wer hat sich bei uns zu Hause ums Essen gekümmert?
- Was war/ist mein Lieblingsessen?
- Habe ich gerne selbst gekocht?

Wo drückt der Schuh?

Materialliste

- Material-Grundausstattung (➤ Einleitung)
- Malvorlage: Schuhe
- Zusätzlich evtl. noch Schuhbänder

Gestaltungsprozess

Jeder Teilnehmer gestaltet einen oder mehrere Schuhe.

Aus der Praxis

„Wo drückt der Schuh?" Eine Floskel, die einem ein Ohr zum Zuhören verspricht, welches hinhört und zuhört, was man auf dem Herzen hat. In dieser Einheit unterhalten sich die Teilnehmer über alle möglichen Sorgen. Aktuelle Sorgen, aber auch Sorgen, welche sie in der Vergangenheit geplagt haben, über die sie sich nicht zu sprechen trauten … Eine Teilnehmerin erzählt, dass sie sich heute viel mehr sagen traut, was sie stört, früher hätte sie sich niemals getraut, zu sagen, *wo der Schuh drückt.*

Angesprochene Themen neben dem kreativen Gestaltungsprozess

Dieser Themenimpuls weckt Erinnerungen rund um das Thema innere Konflikte:

- Wann hat mir wo schon einmal der Schuh gedrückt?
- Fällt es mir leicht, Dinge an- und auszusprechen?
- Wie bin ich in der Vergangenheit mit Konflikten umgegangen?
- Wie gehe ich heute mit Konflikten um? Gibt es da einen Unterschied?
- Was war die größte Sorge in meinem Leben?
- Was war oder ist mein Lieblingsschuh?

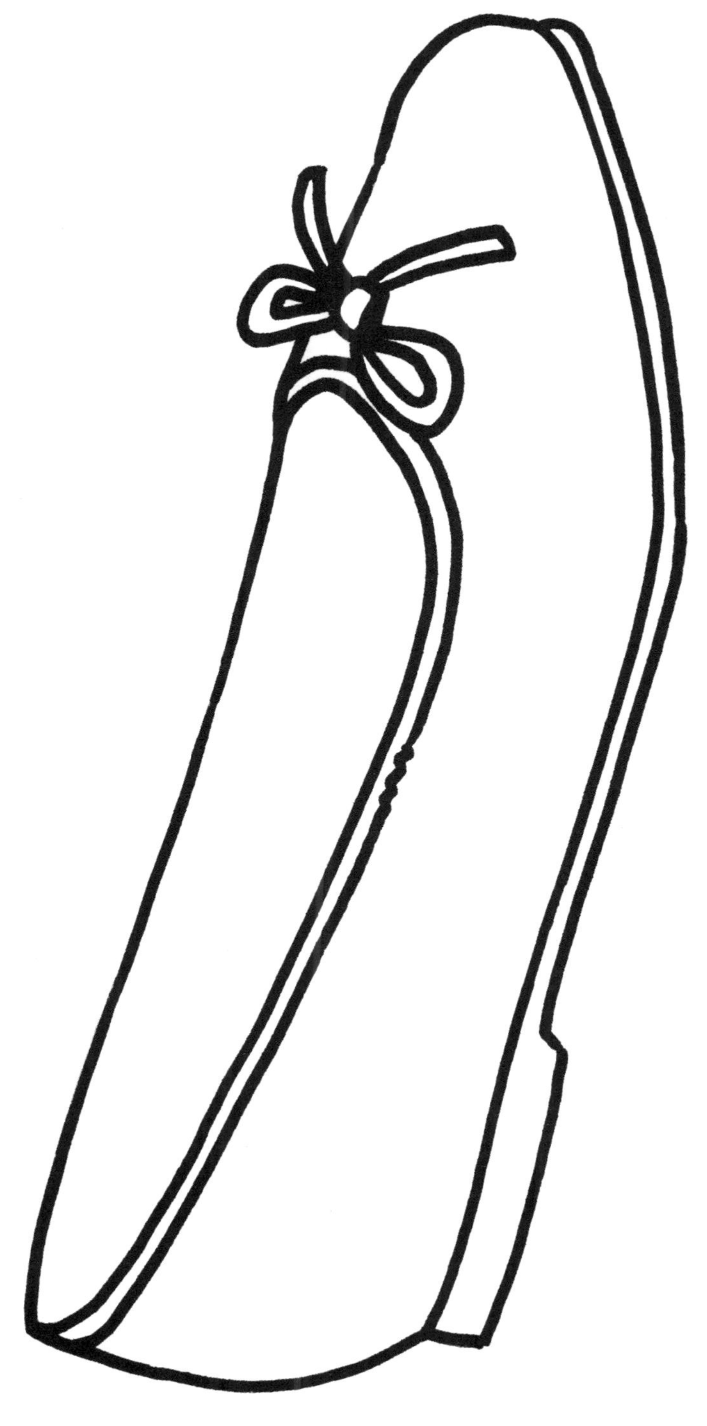

Geschenke

Materialliste

- Material-Grundausstattung (➤ Einleitung)
- Malvorlage: Geschenke
- Zusätzlich evtl. verschiedene Schleifenreste und Geschenkpapier

Gestaltungsprozess

Alle Teilnehmer suchen sich unter den Vorlagen Geschenke aus und gestalten diese.

Aus der Praxis

Ich frage während der Gestaltung jeden Teilnehmer, was für ihn in seinem Leben ein wahres Geschenk war. Es folgt eine herzergreifende Erklärung nach der anderen, zum Beispiel, dass der Mann lebend aus dem Krieg zurückkommen durfte oder die Geburt eines gesunden Kindes oder die vollständige Genesung nach einem Schlaganfall.

Angesprochene Themen neben dem kreativen Gestaltungsprozess

- Was war mir in meinem Leben ein wahres Geschenk?
- Ein positiver Rückblick auf den eigenen Lebensweg
- Das größte Geschenk ist mitunter, einem anderen Menschen eine Freude zu machen
- Anlässe für Geschenke: Liebe, Familie, Geburtstag, Weihnachten
- Kenne ich das Gefühl, schenken zu müssen, zurückgeben zu müssen, auszugleichen?

Bienenvolk

Materialliste

- Material-Grundausstattung (➤ Einleitung)
- Malvorlage: Bienen
- Zusätzlich evtl. noch Pfeiffenputzer und gelbe Seidenpapierkugeln

Gestaltungsprozess

Jeder Teilnehmer sucht sich 1–4 Bienen heraus und gestaltet sie. Am Ende fügen wir alle Gestaltungen um einen Bienenstock herum zu einem Gemeinschaftswerk (Tonkarton 50 × 70) zusammen.

Aus der Praxis

Eine Teilnehmerin beginnt sogleich, den Bienenstock zu gestalten, schließlich soll das Bienenvolk auch ein Zuhause haben. Eine andere Dame singt das Kinderlied „Summ, summ, summ, …“ und die Gruppe stimmt mit ein.

Angesprochene Themen neben dem kreativen Gestaltungsprozess

- Mag ich Honig?
- *„Honig ums Maul schmieren“*
- Ein Bienenstaat hat eine klare Hierarchie, eine Königin und viele Arbeiterinnen: Wie war das bei uns zu Hause? Wer hatte da „die Hosen an“?
- Kenne ich Sprüche wie *„fleißige Biene“* oder *„flotte Biene“*
- Kindheitserinnerungen werden mit dem Lied *„Summ, summ, summ, Bienchen summ herum …“* wach

Herbstlaub

Materialliste

- Material-Grundausstattung (➤ Einleitung)
- Malvorlage: Blätter, möglichst von verschiedenen Bäumen
- Zusätzlich evtl. noch echtes, gepresstes Herbstlaub

Gestaltungsprozess

Die Gruppe gestaltet jede Menge Herbstlaub und spielt mit den Farbverläufen von rotbraun über gelb bis orange und feuerrot.

Aus der Praxis

Es werden Erinnerungen aus der Kindheit wach, zum Beispiel wie das Herbstlaub raschelt, wenn man hindurch läuft. Eine Teilnehmerin erinnert sich an ein Gedicht *„Langsam fällt jetzt Blatt für Blatt, von den bunten Bäumen ab …"*, welches sie der Gruppe sogleich vorträgt. Viele Philosophen beschäftigten sich mit dem Thema Herbst – der Herbst als Lebenszeit, nämlich der Prozess des Alterns und Sterbens. Eine Teilnehmerin greift diesen Aspekt auf und schafft somit Gesprächsstoff für die Gruppe.

Angesprochene Themen neben dem kreativen Gestaltungsprozess

- Abschied vom Sommer – Übergang in die kalte Jahreszeit
- Kreislauf der Natur: die letzten Blumen welken, Bäume werden kahl
- Der Herbst meines Lebens
- Welche Jahreszeit ist mir am liebsten?

Herzen

Materialliste

- Vorlage: Herzform auf weißem dicken Tonkarton aufgemalt und ausgeschnitten
- Zusätzlich evtl. noch alte Borten und Schleifen

Gestaltungsprozess

Jeder Teilnehmer gestaltet *„sein Herz"*. Der Fantasie sind dabei keine Grenzen gesetzt.

Aus der Praxis

Die Teilnehmer unterhalten sich angeregt über Herzensangelegenheiten – eine heitere und zugleich ernsthafte Stunde. Die Gesprächsthemen der Gruppe reichen vom ersten Herzklopfen der Liebe, über die Angst vor einem Herzinfarkt, bis hin zu dem Thema *„Wenn mein Herz einmal zu schlagen aufhört …"*.

Angesprochene Themen neben dem kreativen Gestaltungsprozess

- Herzenswege
- Herzklopfen – Liebe
- Herzensruhe und Frieden
- Mutterherz – Muttertag
- Herz als Zentrum des Körpers
- Der Herzschlag als Rhythmus des Lebens
- Welche Herzensmenschen will ich in meinem Leben nicht missen?
- Habe ich ein großes Herz? – Ist mein Herz am rechten Fleck?
- Was sagt mir mein Herz gerade?
- Wenn mein Herz einmal zu schlagen aufhört

Wenn wir, solange wir leben, dem Weg der Freude folgen …

Materialliste

- Material-Grundausstattung (➤ Einleitung)
- Malvorlage: Gartenzwerge

Gestaltungsprozess

Jeder Teilnehmer sucht sich mindestens einen Gartenzwerg heraus und gestaltet diesen.

Wenn wir, solange wir leben, dem Weg der Freude folgen, werden wir am Ende eins mit diesem Weg.
Leo Tolstoi (1828–1910)

Aus der Praxis

Die lächelnden Gartenzwerge verbreiten eine gute Stimmung in der Gruppe und es entstehen viele herzige Zwerge. Es entwickelt sich ein lebensfrohes, Freude verbreitendes Gemeinschaftswerk: der strahlende Ausdruck der Zwerge nach dem beeindruckenden Gestaltungsprozess.

Angesprochene Themen neben dem kreativen Gestaltungsprozess

- Lebensweg als „*Weg der Freude*"
- Lebensfreude
- Die Zwerge gehen ihren Weg lächelnd und rufen uns ebenfalls dazu auf!
- Lachen ist gesund!
- Hatten wir auch Gartenzwerge in unserem Garten?

Zeit ist Geld – wie die Zeit verrinnt …

Materialliste

- Material-Grundausstattung (➤ Einleitung)
- Malvorlagen: Uhren – Kuckucksuhr, Wecker, alter Uhrkasten
- Zusätzlich evtl. noch einen Spruch oder Gedicht zum Thema Zeit

Gestaltungsprozess

Mit dem Leben ist es wie mit einem Theaterstück;
es kommt nicht darauf an, wie lange es ist, sondern wie bunt.

Lucius Annaeus Seneca (ca. 1–65 n. Chr.)

Jeder Teilnehmer wählt sich eine Malvorlage von den Uhren aus und gestaltet diese.

Aus der Praxis

Die Gruppe diskutiert über den Themenimpuls, ob man wirklich die meiste Zeit im Leben damit vertut, indem man ständig Zeit gewinnen will. Sie kommen zu dem Entschluss, dass „die jungen Leute von heute" viel zu hektisch seien, sie leben viel zu sehr in der Planung von Morgen, statt dort, wo sie gerade stehen. *„Zeit ist eben Geld"*, sagt eine Teilnehmerin. Eine andere Dame erzählt, heute sei ihr die Zeit manchmal sogar zu lange, früher hätte ein Tag auch mehr als 24 Stunden haben können. Eine weitere Dame sagt *„Unserer aller Zeit läuft, wir sind einfach schon weit jenseits der 50"*, es sei aber verrückt, weil sie trotzdem viel ruhiger und nicht so von der Zeit gedrängt sei wie früher, obwohl ihr Leben ja nicht mehr sehr lange dauern würde.

Angesprochene Themen neben dem kreativen Gestaltungsprozess

- Was für eine Bedeutung hat Zeit für mich?
- Gibt es da einen Unterschied von früher zu heute?
- Hatte ich genügend Zeit in meinem Leben?
- Wofür brauche ich noch Zeit?
- Habe ich das Gefühl, meine Zeit verrinnt nun allmählich?

„Wie Hund und Katz"

Materialliste

- Material-Grundausstattung (➢ Einleitung)
- Malvorlagen: Hunde, Katzen

Gestaltungsprozess

Jeder Teilnehmer sucht sich einen Hund und eine Katze als Malvorlage heraus und gestaltet diese.

Aus der Praxis

Die Gruppe diskutiert über den Themenimpuls, ob sich Hunde und Katzen wirklich nicht vertragen oder ob das eher auf Menschen zutrifft, die eben *„wie Hund und Katz"* aufeinander reagieren. Eine Mutter unter den Teilnehmern erzählt, dass ihre Buben immer *„wie Hund und Katz"* aufeinander losgingen, sich prügelten, dass das aber eben auch irgendwie zum Leben dazu gehöre.

Angesprochene Themen neben dem kreativen Gestaltungsprozess

- Hatte ich auch ein Haustier? Hund oder Katze?
- Wie sind meine Erfahrungen mit Hunden und Katzen?
- Habe ich auch schon Situationen erlebt, in denen Menschen *„wie Hund und Katz"* miteinander oder besser gegeneinander umgegangen sind?
- Weitere Themen wie Unfrieden, Unversöhnlichkeiten, Streitigkeiten, Rangeleien, sich gegenseitig ärgern, Gegensätzlichkeit, werden angesprochen

Jahreskreislauf – Lebenskreislauf

Materialliste

- Material-Grundausstattung (➤ Einleitung)
- Malvorlagen: Storch mit Baby, Hochzeit, Schultasche, Auto, Spielzeugauto, Flugzeug, alter Mensch, Baum, Herbst, Frühling, Sommer, Winter, Schneemann, Koffer, Kreuz, Sanduhr, Uhr, Arzt, Rollstuhl (alle möglichen Symbole für die verschiedenen Wendepunkte im Leben eines Menschen, sowie Symbole für die vier Jahreszeiten)
- Zusätzlich evtl. eine rote Schnur

Gestaltungsprozess

Jeder Teilnehmer sucht sich Symbole aus, die für sein Leben stehen. Nachdem diese ausgestaltet sind, finden sie auf einem großen Jahreskreislauf ihren Platz, je nachdem, wo der Teilnehmer sie zuordnen möchte.

Aus der Praxis

Eine Teilnehmerin will ihren eigenen Lebenskreislauf gestalten und nicht am Gemeinschaftskunstwerk teilnehmen. Sie wählt das Symbol Baby für ihre Geburt (oben), rechts herum ordnet sie nacheinander weitere Symbole: Auto (Kindheit), Schultasche (Schulzeit), Koffer (Flucht im Krieg), Hochzeitspaar (Hochzeit), „im Sommer ihres Lebens“, Baby und Storch (Geburt der eigenen Kinder und Enkelkinder), Kreuz (Verlust, Tod des Ehemannes), im Herbst ihres Lebens, zugleich Ernte der Früchte ihres Lebens (Früchtekorb), Einzug ins Pflegeheim (Haus). Aktuell sei sie im Übergang von Herbst zu Winter und ihre Zeit laufe langsam ab (Symbol der Sanduhr) und irgendwann würde auch *„ihr Winter“* kommen *„dort oben, wo das Leben begann, wird auch mein Ende sein“*, sagt sie.

Eine runde Gestaltung, ein toller Lebensrückblick auf eine interessante Lebensgeschichte einer interessanten Frau.

Angesprochene Themen neben dem kreativen Gestaltungsprozess

- Austausch mit den anderen Teilnehmern über ähnliche Erlebnisse und deren Erfahrungen des Lebens
- Vergleich des Lebenskreislaufs mit dem Kreislauf der Natur, den Jahreszeiten, dem Jahreskreislauf

Nachwort

Wie brachte ich alle Teilnehmer bei allen Themen, auch die an Demenz erkrankten Teilnehmer, unter einen Hut?

Ganz einfach: Indem ich jeden so nehme, wie er ist.

Kunst und Kreativität kennt kein Alter, keine Krankheit, keine Gebrechen. *„Jeder Mensch ist ein Künstler"*, so ein Zitat von Joseph Beuys. Nicht jeder will gleich ein Künstler sein, wenn er mal kreativ ist. Doch meine persönliche künstlerische und kunsttherapeutische Haltung ist, dass jeder eine kunterbunte Seele, sagen wir, eine „Künstlerseele" in sich trägt. Das sind die vielen gesammelten Eindrücke des Lebens, wie ein Mosaik, welche irgendwie nach Ausdruck verlangen, manchmal gar „schreien". Diese Buntheit der „Künstlerseele" ist die Einzigartigkeit jedes Menschen, die nicht machbar, nicht steuerbar ist – sie IST einfach. An den zahlreichen Abbildungen im Buch können Sie sehen, wie jeder mit seiner Einzigartigkeit und seinem individuellen Ausdruck Platz findet, auch der, der nicht mehr *„so schön"* malen kann, denn darum geht es hier nicht. *„Ich kann das doch nicht mehr"*, hörte ich anfangs oft, bis sich meine wertfreie und wertschätzende Haltung auf die Gruppe übertragen hatte. Ich wollte jedem Menschen in den Kreativgruppen das Gefühl vermitteln, *„du darfst so sein, wie du bist"* und den Raum dafür geben, dieses Angenommensein zu erleben.

Nachfolgend zwei Beispiele aus den Themenimpulsen:

„Du musst 1.000.000 Frösche küssen..." und *„Man wird so alt wie eine Kuh"*.

Sie sehen in der 1. Abbildung die Vorlage, welche den Rahmen bietet, so wie sie jeder Teilnehmer bekam. Weitere Gestaltungsaufträge gab es nicht. Die 2. Abbildung ist von einer Teilnehmerin, der es wichtig ist *„schön und richtig"* zu malen. Die 3. Abbildung ist von einer Teilnehmerin mit beginnender Demenz, sie kann beispielsweise Farben nicht mehr richtig zuordnen.

Welche Abbildung am ausdrucksstärksten ist, müssen Sie selbst entscheiden und wir wissen von moderner Kunst, dass eine „Farbverwechslung" so manch einen Künstler berühmt gemacht hat.

Die nachfolgenden Abbildungen sind ein weiteres Beispiel in gleicher Reihenfolge.

Drei Fallbeispiele

Jetzt möchte ich Ihnen noch drei Damen vorstellen, die mich in der Begleitung besonders beeindruckt und berührt haben.

Kugelmeditation

Diese einzigartige Teilnehmerin hat mich die letzten Jahre begleitet und mich um eine weitere Erfahrung reicher gemacht. Sie machte immerzu „Kugeln" aus Seidenpapier in allerlei Farben. Sie saß da, rollte in ihren Händen eine Kugel nach der anderen. Das schien ihr ein inneres Bedürfnis zu sein, sie wirkte dabei ausgeglichen, fast meditativ. Nachdem sie nichts anderes gestalten wollte – was in Ordnung war, denn es ist ihre Form der Gestaltung, ihr Ausdruck für was auch immer – fand sie auch immer wieder ihren Platz in den Gemeinschaftsgestaltungen. Dies bereicherte die Werke um ein weiteres plastisches Element. Beim ➤ Themenimpuls „Gartenarbeit" beispielsweise sind ihre blauen Kugeln die Wassertropfen, welche aus der Gießkanne tröpfeln. Durch die Begegnung mit dieser Frau wurde ich einmal mehr bestätigt, die Einzigartigkeit eines jeden Menschen einzubeziehen, wertzuschätzen und anzunehmen. Ich lade Sie dazu ein, noch einmal alle Seiten des Buches durchzublättern und zu schauen, wo überall ihre „Kugeln" integriert werden konnten.

Mit dem Herzen malen

Folgende Abbildungen sind Gestaltungen einer fast erblindeten 89-jährigen Frau. Sie selbst sagt, sie sehe so gut wie gar nichts mehr. Trotz etlicher Operationen hat sich das Sehen nicht oder nur kaum verbessert und verschlechtert sich immerfort. Sie war trotz dieser Entwicklung weiterhin mit Begeisterung und Freude in der Kreativgruppe dabei und wollte unbedingt weiter daran teilnehmen. Sie bat mich immer wieder, ihr etwas zum Ausmalen aufzuzeichnen. Wichtig dabei war ihr, am gleichen Thema wie die Gruppe zu arbeiten. Ich verwendete hierfür immer die gleichen Vorlagen wie für die Gruppe, jedoch vorher schon ausgeschnitten und auf einen dunkleren Hintergrund gelegt. So sah und fühlte sie die Umrisse besser und wusste genau, welcher ihr Bereich zum Ausmalen war.

Die zwei entstandenen Herbstblätter zeigen ebenfalls ganz kreative Farbverläufe und wurden von vielen Mitteilnehmern bewundert, weil sie so „echt" aussehen würden.

Faszinierend war, ohne die Gestaltung der anderen Teilnehmer abzuwerten, dass gerade sie, die sie kaum noch sieht, die ausdrucksstärksten und auf irgendeine Weise auch anziehendsten Kunstwerke hervorbrachte. Kein Wunder, denn *„man sieht nur mit dem Herzen gut"*, so heißt es beim *„Kleinen Prinzen"* von Antoine de Saint-Exupéry.

Auch die anderen Teilnehmer fühlten sich von ihren Gestaltungen angesprochen und fragten sie, wie sie das, obwohl sie kaum noch sehe, so gut könne. *Warum nur?* Ich thematisierte daraufhin in der Gruppe, dass vermutlich das Wegfallen des scharfen Sehsinns und damit das Wegfallen des verkopften *„Es muss schön sein!"* diesen Unterschied ausmache. Diese fast blinde Künstlerin gestaltete eben unbedarfter, lockerer – ähnlich wie Kinder – drauf los. Diese „innere Freiheit" ist es, welche die Gestaltungen dieser Frau so besonders und ausdrucksstark machen.

In „Ihrer Welt" – Feuerwerk und Sträfling

In jedem Menschen verbirgt sich ein Schatz, eine Kostbarkeit, vielleicht ist das die Seele, in der sich alles Erlebte, alle Erinnerungen befinden. Das drückt sich für mich so schön in den nachfolgenden Bildern aus.

Diese sind von einer Dame, die sich an manchen Tagen nicht einmal mehr an ihren Namen erinnert – sie reagiert zumindest auf Ansprache nicht mehr darauf. Sie nestelt, macht rhythmische Bewegungen und gibt meist unverständliche monotone Töne mit eigenen Wortschöpfungen von sich. Es scheint, als sei sie ein Stück weit in „ihrer eigenen Welt". Je nach Tagesverfassung mal mehr, mal weniger. Diagnose: Demenz. Was hat diese Frau in ihren 88 Lebensjahren alles erlebt? Wir werden es wohl nie erfahren. Aber wir können ihr Wertschätzung gegenüber den vielen Jahre gelebten Lebens zukommen lassen, ihr solange sie möchte die Möglichkeit zum kreativen Gestalten geben und uns mit ihr an ihren großartigen und ausdruckstarken Gestaltungen erfreuen.

Wenn sie da so sitzt und malt, wird es ganz still, sie wippt nicht mehr, ihre Atmung ist deutlich ruhiger, nicht so latent hektisch wie sonst, sie brabbelt nicht mehr, sie gestaltet, in sich gekehrt, deutlich entspannter … Dabei kommt mir immer wieder der Spruch von Jean Paul in den Sinn *„Die Erinnerung ist das einzige Paradies, aus dem wir nicht vertrieben werden können."*

Als ich sie eines Tages nach dem Titel ihres Werkes frage, schaut sie mich an und sagt „Feuerwerk". Ich frage noch einmal, um mich zu versichern, dass ich sie auch richtig verstanden habe, auch weil sie sich bis zu diesem Zeitpunkt nie äußerte. „Feuerwerk" wieder-

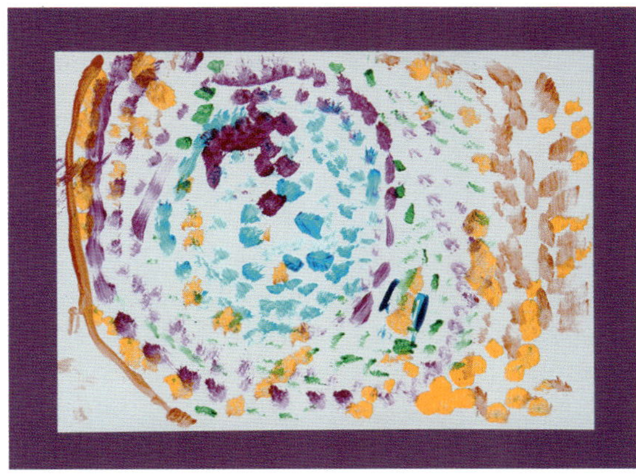

holt sie und tippt dabei mit ihrem Finger über die vielen Punkte auf dem Blatt. Ob ihr der Titel und dessen Bedeutung bewusst war, weiß ich nicht, zumindest war es erst wenige Tage nach Neujahr.

An einem anderen Tag, sie erscheint mir deutlich wacher als sonst, entsteht das Bild „Sträfling" – ihr Titel zu dieser Gestaltung. Im weiteren Gespräch sagt sie noch, manchmal sei es „Schwarznacht", während sie auf den schwarzen Streifen deutet. Ich zeige auf die helleren Streifen und fragte, wie es dort sei. „Dort ist es warm, dort ist es nicht sträflich." Als ich einige Minuten später bei einer anderen Teilnehmerin, die ihr gegenüber saß, stehe, schaut sie herüber und sagt noch: „So wechseln sich die Zeiten ab, hell, dunkel, hell, dunkel ...", dabei deutete sie wieder über die verschiedenen Farben. *„Ja"*, antwortete ich ihr, *„so sei es mit dem Leben, hell und dunkel, auf und ab ..."* – hoch philosophisch und so wahr!

Warum ist Lebensrückschau so wichtig?

Am Anfang habe ich bereits beschrieben, wie wichtig der Prozess der Lebensrückschau ist. Auch dass sich dieses innere Bedürfnis der Senioren mir in der Praxis überall aufdrängte. Viele Menschen verspüren mit zunehmendem Alter den Wunsch – wie eine Art *innerer Drang* – dem vergangenen Leben einen Sinn zu geben. Die Auseinandersetzung mit der eigenen Lebensgeschichte, der Vergangenheit, stärkt das Selbstvertrauen und hilft dabei, den Alterungsprozess im „Hier und Jetzt" anzunehmen. Mit dem Rückblick auf die Lebensgeschichte findet eine Art „Lebensbilanz", eine Art Bewertung statt, die zu einer Versöhnung und Integration des gelebten Lebens führen kann. Vor allem oder vielleicht nur, wenn ein Mensch eine achtsame, hinlauschende Begleitung erfährt. Die Diskrepanz zwischen *„so und so wollte ich mein Leben eigentlich leben"* und dem tatsächlich gelebten Leben – *„dann kam es aber ganz anders"* – wird aufgehoben und kann somit in ein zufriedenes, versöhnliches und wohlwollendes Zurückblicken, *„so wie es war, war es gut"*, münden. Meine Erfahrung der letzten Jahre bestätigt mir die Heilsamkeit dieser kreativen Rückblickmethode. Viele Menschen können dadurch versöhnlicher auf ihr Leben zurückblicken. Dadurch ist für mich ein gewisser innerer Frieden in der Begleitung dieser Menschen spürbar. Neben der gestiegenen Lebensqualität an deren Lebensabend kann das auch ein leichteres Loslassen an deren Lebensende möglich machen.

Achtsamkeit

Achtsamkeit ist in der Begleitung alter Menschen wichtig, dabei ist Achtsamkeit ein großes Wort. Sicher gelingt es uns nicht immer, achtsam im Alltag zu leben. Gerade deshalb möchte ich mich diesem wichtigen Punkt, dieser Grundhaltung besonders widmen. In vielen Aspekten dieses Buches wird Ihnen Achtsamkeit begegnen, sei es beim Vergleich eines alten Menschen mit einer weisen Eule, sei es bei meiner Grundhaltung gegenüber dem alten Menschen, wie Sie sie zwischen allen Zeilen des Buches finden können. In unserer westlichen Welt und Leistungsgesellschaft wird dem alten Menschen weniger Wertschätzung und Achtsamkeit zuteil wie in anderen Kulturen. In letzteren wird der alte Mensch als Weiser, auf Grund seiner Lebenserfahrung und Lebensgeschichte oft sogar als Ratgeber hinzugezogen. Ein afrikanisches Sprichwort unterstreicht diese Haltung: „Wenn ein alter Mensch stirbt, verbrennt eine ganze Bibliothek". Dieser Satz ist Ausdruck einer achtsamen und tiefgehenden Haltung, welche für mich genau in dieser Weise stimmig ist. Dieser Tiefe, dieser Weisheit durfte ich in meinen Begleitungen der letzten Jahre immer wieder begegnen. Diese vielen kleinen Geschichten, Kapitel für Kapitel, ergeben ein dickes

Buch an ganz individuellen Lebensweisheit(en), welche uns nur durch die Bereitschaft und das Interesse am Hinhören geschenkt und zuteil werden.

Die Entwicklungen in der Altenhilfe sind durchaus positiv, dennoch ist weiterhin viel zu tun, viel zu bewegen, noch immer werden viele künstlich initiierte *Beschäftigungsprogramme* erzeugt, von „den Jungen" ausgedacht, welche dem alten Menschen kaum oder gar nicht gerecht werden. Wenn ich mir heute schon in meinen jungen Jahren vorstelle, dass ich 90 Jahre alt bin und in einem Alten- und Pflegeheim wohne, dann wünsche ich mir in erster Linie Wertschätzung, dass jemand für mich einfach DA IST, OHR IST und mich in meinem SO-SEIN und meinem gelebten Leben annimmt und achtsam begleitet. Sicher wünsche ich mir keine „Spielchen", wie sie in einem Kindergarten angeboten werden oder eine ähnlich abschätzige *„Beschäftigungstherapie"*.

Sehr positiv finde ich die Entwicklung in der Altenhilfe, welche das Wort Beschäftigung durch Worte wie Soziale Begleitung oder Betreuung abgelöst hat. Ich hoffe, dass diese positive Entwicklungen weiter gehen, dass wir alle, die wir für den alten Menschen verantwortlich sind, weiterhin hinhören und hin-lauschen: WAS BRAUCHT DER MENSCH WIRKLICH? ... und daran denken, WIR ALLE werden einst alt sein.

Gerade der Aspekt *„Das Unsagbare sagen"* ist wichtig. Wie oft geht es uns, die wir uns ausdrücken können, schon so, wichtige Gefühle, Dinge, die uns bewegen, kaum sagen, ausdrücken zu können? Wie ergeht es dann erst den alten Menschen, die sich oft nicht mehr ausdrücken können, wo wir nur erahnen und erspüren können, was sie sich von uns wünschen, was sie brauchen – wo oft nur noch der mutmaßliche Wille ermittelt werden kann.

Zum Schluss

Zum Abschluss möchte ich nochmals näher auf die Themen Individualität und Relativität eingehen. Die Impulsthemen am Ende jedes Stundenverlaufs unter „Angesprochene Themen neben dem kreativen Gestaltungsprozess" sind beliebig erweiterbar. Jeder hat einen anderen Zugang, einen anderen Blickwinkel auf das jeweilige Thema. Dies hat wieder mit der Einzigartigkeit des Lebens, den individuell gemachten Erfahrungen, der jeweiligen Lebensgeschichte zu tun. Ein Thema, 100 verschiedene Menschen, 100 verschiedene Blickwinkel, Assoziationen, Gefühle, Meinungen und Reaktionen. Entwickeln Sie die Themen weiter, ergänzen Sie diese um Ihre Blickwinkel und Ideen und beziehen Sie vor allem die Überlegungen, Ideen, Reaktionen, Gefühle und somit die „Lebenswelt" der Teilnehmer ein. Während Sie diese Seiten und die Themenimpulse lesen, werden Ihnen weitere Ideen kommen – so soll es sein. Am besten, Sie notieren sich Ihre Ideen, Fragen und Impulse direkt im Buch. Mein gesamtes Buch soll ein Impuls sein. Als Impuls für Sie als denjenigen, der die Senioren begleitet, und als Impuls für Sie selbst, als Leser, Sie zum Nachdenken und Rückblicken anzuregen.

Was mir in den vielen Jahren in der Begleitung etlicher Menschen bewusst wurde, ist, wie relativ doch alles ist! Wie ähnlich auch die Lebensthemen sind, so unterschiedlich und relativ ist die Sicht darauf. Jeder Mensch hat seine eigenen Bewältigungsstrategien und damit einen individuellen Umgang mit den Lebensthemen, verbunden mit ganz spezifischen Emotionen. Ganz deutlich wird dies am Beispiel Mobilität. Der eine ist schon froh und dankbar, dass er sich mit einem Rollator fortbewegen kann. Der nächste sagt, dass er mit diesem peinlichen Ding nicht herum laufen mag. Der Rollstuhlfahrer, der daneben sitzt, sagt, er wäre froh, könnte er mit so einem Ding noch laufen. Der nächste, bettlägerig, meint *„Mensch, waren das noch Zeiten, als ich im Rollstuhl ins Kaffeehaus gefahren werden konnte!"* Ein Beispiel – Mobilität – aus vier Blickwinkeln. Und bringt man diese Menschen alle an einen Tisch während der Kreativeinheit, so können sie miteinander, voneinander profitieren, beispielsweise eine Dankbarkeit dafür entwickeln, wie gut es mir doch noch geht, denn manch einem geht es deutlich schlechter. Oder sie könnten feststellen, dem Menschen neben mir geht es genauso, um dadurch Trost zu finden und neue Kraft aus den Lösungsmöglichkeiten der anderen zu schöpfen – welchen Umgang haben diese für sich in ähnlichen Krisenzeiten gefunden?